www.tredition.de

AF186338

www.tredition.de

Verlag und Druck: tredition GmbH, Halenreie 40-44, 22359 Hamburg

ISBN
Paperback: 978-3-347-01188-5

BERND ROSENKRANZ

***

AUF DER SPUR

Texte & Reflexionen

INHALT

DIE GESCHICHTE VON A.

Tatsache ist: A. war in seiner Kindheit stets ein netter, braver Junge. Er öffnete seine Lippen und sagte `Ah´, wenn er etwas Neues dazugelernt hatte. Seine sprachlichen Erfolge, so wird berichtet, waren enorm und alle in der Familie begrüßten es, wenn A. sich zu Wort meldete. Sein Vater nahm dann seine Brille ab, setzte sich in seinen Schaukelstuhl und obwohl er eine starke Neigung hatte, seinen Sohn bei jeder verbalen Äußerung zu korrigieren, ließ er zuweilen doch die Zügel lockerer und hörte ihm aufgeregt zu. Nun, als A. älter wurde, begann er sich nach neuen Worten zu sehnen, wild zu sehnen, die er noch nicht gehört hatte. Aber A. lebte in einer seltsamen Zeit. Dergestalt durfte niemand eigenmächtig fremde, noch unbekannte Wörter, aussprechen, es sei denn er erwarb sich diese rechtmäßig. Wenn einer dies im Übereifer tat, hatte dies fatale Folgen und so begann man sich, wenn schon ein Stück Wort herausgerutscht war, schnell die Hand auf den Mund zu legen, um nicht in Verdacht zu kommen, etwas Ungebührliches zu tun. Eine schwere Zeit. Aber A. war nicht von schlechten Eltern und so kaufte er zusammen, was er nur kriegen konnte. Alle staunten, wenn man bei ihm zu hause zu Gast war, wenn er seinen Wortschatz hob. Mit geschwollener Brust sprach er sie aus, die Wörter, laut, mit Inbrunst und immer so korrekt wie möglich. Oftmals lachte sein Vater dann verschmitzt über so viel Geschäftssinn seines Sohnes. Da A. – in späteren Jahren - seinen ganzen Eifer darauf wand neue Wörter zu erwerben, wurden auch Nachbarn, schließlich entfernte Bekannte und schließlich viele Menschen in seiner Stadt auf ihn aufmerksam und man begann zu tuscheln, wie dieser es wohl geschafft hätte, sich so gewählt auszudrücken. Viele bewunderten ihn, andere wiederum beneideten ihn. Dies umso mehr, als er seine Kontrahenten gekonnt ausspielte und ihnen üblicherweise eine Lektion erteilte. Auch als A. einmal im Cafe saß und sich ein Herr F. zu ihm setzte, war die Katastrophe perfekt. Denn obwohl F. gerne mit ihm ein Gespräch begonnen hätte, zeigte sich alsbald, dass sein Wortschatz beiweiten nicht an den des A. hinreichte, sodass dieser sich dreimal überlegte, ob er mit ihm überhaupt sprechen wolle. Mit viel Überwindung stellte er mit einigen erwählten Worten sein Gegenüber zur Rede, der alsbald die Flucht ergriff. Derart potent an Vokabular begann A. schließlich große Reden zu halten und sein Publikum war hingerissen von seinem Ideenreichtum. Er hatte großen Einfluss auf die Politik seines Landes und seine Bewohner und so wurde er zum obersten Sprachhüter seiner Nation ernannt. Als aber A. ihm hohen Alter – schon mit einer Krankheit gezeichnet – im Sterbebett lag, begab es sich, dass eine Krankenschwester sich zu ihm aufs Bett setzte und ihm gut zuredete. Da raffte er sich noch einmal auf, um einige Worte aus sich herauszustammeln, doch es kam nur ein Wort heraus. Es war das Wort: Tod. Auf einmal sackte er kreidebleich in sich zusammen und starb auf der Stelle. Wie sich im Nachhinein herausstellte, war es das einzige Wort, das er sich scheute zu kaufen. In dem Sterbeprotokoll stand dann geschrieben: Unser ehrwürdiger Herr Prof. DDDr. A., der nach schwerer Krankheit den xyz erlitt. So wird es berichtet.

BITTE ZUR LESUNG

Mit einem Wort beginnen. Einen Plan erstellen. Mit einem Wort der Übereinkunft eine Lesung veranstalten. Texte werden gesichtet und aussondiert. Fragen kommen auf, wie: Was werden die Anwesenden sagen. Was wird sich das Publikum denken. Doch dies sind im Grunde Nichtigkeiten; und Nichtigkeiten sind wie zu kleine Kleiderbügel. Also besinne ich mich wieder auf die Lesung meiner Texte.

Die Gäste sitzen schon in ihren Stühlen; einige essen, andere trinken, wieder andere rauchen. Die Atmosphäre ist locker und ungezwungen. Nichts von einem abgehobenen Leserpult und antiker Leselampe. Das Wort soll sich unmittelbar ausbreiten – über die Essenden, die Trinkenden, die Rauchenden.

Ich räuspere mich kurz und beginne die Lesung. Und schon wird mir bang: Da jetzt hineinsprechen, in diese Stille, in diese Atmosphäre der Gespanntheit, des Ungesagten… Ich will und muss wohl ein erstes Wort setzen, wie bei einem Sprung vom Zehnmeterturm. Und nicht nur das. In dieser Konzentriertheit ist schon beinahe alles vorhanden, was man die `Gesamtheit des Textes´ nennen könnte, so wie ein Turmspringer den gesamten Ablauf seines Sprungs kurz vorstellt. Wenngleich es nur ein Augenblick ist, in dem noch Zögern herrscht, dominiert schon der Versuch sich zu sammeln und das erste Wort – gleichsam aus dem Nichts – herauszureden. Ich will das erste Wort so aussprechen, als hätte ich die gesamte Lesung vor Augen.

Zuweilen setzt sich der Lesende schon mit den ersten Worten eine Maske auf. Es ist die Maske der Geschichten, die er vorträgt. Die Maske, die der Erzähler aus den Geschichten hervorholt, ohne dass er genau wüsste wie. Sie ist Teil seiner selbst, wie auch die Geschichte, die er vorträgt. So kennt er sie gleichsam nur spielerisch; er kennt sie nur von innen. Tatsache ist aber: Der Erzähler braucht diese Maske. Sie ist ihm unentbehrlich. Und nur dann und wann, wenn durch die Erzählung das Innere der Zuhörer stark bewegt wird, fällt sie ab und es zeigt sich ein unverdeckt menschliches Antlitz. Man könnte etwas poetisch sagen: Die Wahrheit ist ergreifend und abgründig zugleich und verträgt keine Maske. Schließlich: Auch Willkürliches wird sich dazwischen mischen. Die Situation, die den Leser begleitet, ist nämlich eine, die sich etwa so darstellen ließe: Ich sitze quasi im Rampenlicht. Man hört mich nicht nur, sondern schaut auch auf mich. So hebe ich bedächtig die Hand beim Vortrag, wenn es die Stelle im Text verlangt. Ich schauspielere. Ich folge mit meiner Ausdruckskraft den Gedanken des Textes, bis zu der Pointe hin, in der sich Entscheidendes ereignet. Mein Gesicht wird ernst, es straffen sich die Gesichtszüge. Dann eine kurze Stille. Ich sehe flüchtig und keck in die Gesichter der Anwesenden. Einige blicken bedächtig nach unten, andere schauen mir intensiv in die Augen, als wollten sie fragen: Und nun, was jetzt? Ich lese weiter und mit einem Schlage kommt die Entladung. Gelungen denke ich mir. Selten gut, denke ich mir.

Aber der Text geht weiter und ich bezweifele, wie so oft, dass das alles der Mühe wert ist. Plötzlich höre ich wieder Geräusche, das Schlagen eines Löffels auf die Kaffeetasse, das Rucken der Sessel, das Räuspern und Hüsteln einiger Zuhörer. `O Weh´!, denke ich mir. Jetzt musst du dich wieder vorwärts arbeiten, um erneut Begeisterung im Publikum zu wecken.

Am Schluss der Lesung, also beim Applaus, fällt alles wieder von mir, was ich zur Inszenierung meiner Texte aufgewendet habe und ich komme zu der Einsicht: DU BIST WIEDER EINER VON IHNEN.

ALLTAGSLIEDER

Singt in euren Herzen Lieder. In euren Herzen. Immer wieder singe ich tagsüber ein Lied und ich weiß nicht *woher* es kommt. Wie aus der Reibung zweier Gegenstände Wärme entspringt, so entstehen in mir aus tagtäglichen Ereignissen Lieder. Wir stehen an einer Haltestelle: Zwei Buskontrolleure. Es ist kalt und weil Zeit zum Warten ist, singe ich ein Lied, eine Melodie, eine altbekannte oder eine, die ich in der Stille neu erfinde. *Es* singt. Ein Ton, ein Klang und schon spinnt sich eine Melodie zusammen, wie Wolken, die sich zuweilen zusammenbrauen, wie die Sonne, die im Morgengrauen erscheint, ohne unser Zutun, ohne, dass wir gleich wüssten wie. Ein kleiner Ruck und ich gebe nach. Wie eine Idee, die man innerlich wahrnimmt und die man in einen Gedanken umwandelt, so singe ich das Lied der Hoffnung, das Lied der Freude oder das Lied der Sehnsucht. Manchmal ganz gelegen und gleichsam aus heiterem Himmel. Manchmal, um die Langeweile zu vertreiben, die Müdigkeit, das endlose Warten auf ein besseres – anderes – Leben. Manchmal in Glückseligkeit, wie Engel singen mögen. Manchmal, um mich aus einem inneren Frust herauszuwinden, aus schweren Gedanken, die mir gleichsam den Verstand rauben. `Woher kommt mir jetzt das rettende Wort, das Wort, das mir gut zuspricht in der Hektik des Alltags und der Arbeit´, denke ich. Kein Wort, keine Geste des Vertrauens will mich trösten. Kein Angesicht, das mich lächelnd anblickt, kein Kind, das vor mir in seiner Unschuldigkeit spielt…- nur ein Lied! Es steigt aus der Tiefe meiner Seele und wie ein glücklicher Traum, wie ein kurzes Traumerinnern, wird es in meinem Bewusstsein wach. Es singt sich zutage, wie man sagen könnte, es bringt die helle Seite meiner Seele zutage, die mich loslöst von dem stumpfen Trott meiner Arbeit. Und dann wieder Schweigen. Weitermachen. Ich tue meine Pflicht. Ich spreche mich mit meinem Partner ab. So und so ist vorzugehen. Im Gesicht die Mühen. Im Gesicht der Takt der Arbeit. Der eiserne Wille regiert. Weitermachen.

Wieder beginnen mit dem gewohnten Handgriffen. Eine Hand am Körper, die andere über die Stirn gewischt. Die Zeit will nicht enden. Zuweilen rede ich mir ein, dass es das Los des Menschen ist, sich nicht eine schönere Vergangenheit oder Zukunft vergegenwärtigen zu können, sondern nur von der Gegenwart Besitz zu ergreifen. Eine Gegenwart, in der es verlangt wird, sich zu fügen. Ohne wenn und aber. Eine Gegenwart, die zeit-los ist, weil man die Zeit vergisst. Gott sei Dank, müsste man sagen - oder was sonst? Zeit des Lebens, Zeit der Zeit-Vergessenheit, unwiederbringliche Zeit. Und nur im Nachhinein erscheint sie als erfüllt, weil gefüllt mit Bewegungen, routinemäßigen Gesten und Worten, Berührungen, Betastungen, Geräuschen, Gefühlen, inneren Regungen, Gedanken, Schmerzen, leidvollen Augenblicken, Sehnsüchten…Die Monotonie ist das Schönste oder das Entsetzlichste. Das Schönste, wenn sie der Abglanz der Ewigkeit ist. Das Entsetzlichste, wenn sie eine unaufhörliche Dauer ohne Wechsel anzeigt, schrieb einmal Simone Weil. Ich singe wieder. Ein neues Lied. Es singt von dem Aufstehen, dem Auferstehen des Guten, des Lichterhellten. Es ist das Lied in mir, wie eine Oase, inmitten des Lärms der Strassen. Wir gehen weiter und ich trage – wie das Kind auf dem Arm der Mutter getragen – eine kleine Freude, eine kleine Liebesmelodie in mir. Ich weiß nicht an wenn gerichtet, ich weiß nicht von wem gesungen. Ich spüre nur, wie es mich schützt, der allzu kalten Realität Raum zu geben, der Wüste unseres Alltags.

JERUSALEM

Ich rufe dich zu mir, von dem Orte deiner Wohnstatt. Und du wirst sehen, wie ich auftue meine Pforten bei deinem Kommen; denn ich bin das Herz für alle Suchenden und für alle Dürstenden. Ich öffne meine Pforten, damit du eintreten kannst in das Land, in dem Milch und Honig fließen – nicht jene irdische Milch und nicht jener irdische Honig, sondern gleich dem Balsam der Trost ist für deine Seele. Ich unterweise dich durch das Wort, das dem suchenden Schritt Richtung gibt, ich unterweise dich durch den Geist, der in mir war und ist – für alle, die die Wahrheit lieben. Ich bin wirklich Heimat, ferne Heimat zwar, aber doch so etwas wie ein Ort des Refugiums. Denn ich kenne dich, kenne deinen Namen und weiß dir ein neues Gesicht zu geben und eine Wende deines Schicksals herbeizuführen. Wenngleich du jetzt noch zagst und wehklagst, so wird deine Jugend dir neu. Denn durch den Kampf mache ich dich stark, in der Liebe mache ich dich neu. Alles was du jetzt zu erdulden hast, mache ich dir zu Kraft deines Lebens. Ich öffne meine Pforten, damit du – mit all denen, die dir anvertraut sind und denen du anvertraut bist – Zukunft findest. Was du heute noch als Niederlage empfindest, wird morgen verwandelt in ein Licht auf deinem Weg. Denn durch Erfahrung wirst du klüger, durch Fügsamkeit einfach gesinnt. Ich liebe es, wenn du dich sonst an den Stätten des Glaubens und dich die Kraft von oben überkommt. Denn der Geist der Weisheit ist kraftvoll, einzig in seiner Art und vielfältig, beweglich, durchdringend, klar, unverletzlich, das Gute liebend, menschenfreundlich, beständig und schließlich alles überschauend. Ich bin eine Land, indem Milch und Honig fließen, nicht jener irdische Honig und nicht jene irdische Milch, sondern jenes milde Angesicht des Heiligen, des Menschensohns, der in mir gelebt und gewirkt und die irdenen Gefäße überwunden hat, indem er uns ins ewige Leben voranging. So könnt ihr in seine Fußstapfen treten, solange ihr auf Erden weilt, könnt die Luft atmen, die er geatmet, das Wasser trinken, das er getrunken, die Erde betreten, die er betreten hat. Solange ihr auf Erden lebt, seid ihr in mir willkommen, als Pilger, die noch nicht wissen wohin, aber die in der Sehnsucht nach den Wohnungen Gottes streben. „Jerusalem, du ferne Heimat, ich trage dich jetzt, da ich in dir weilte, in alle Welt, an alle Orte meiner Pilgerschaft, zu allem Geschöpf, das da kreucht und fleucht …"

DAS WERKSTÜCK DES HERRN

Wie ein Tischler, der an einem Werkstück über Jahre hindurch schleift, hobelt und poliert, bis er sich dann einmal, nach etlichen Jahren, hinsetzt und sich eine Pause gönnt oder sich vielleicht sagt: Jetzt bin ich fertig – so sehe ich mich im Verhältnis zu meinem Gott. So viele Jahre lang, in denen ich mich fragte: Was willst du Gott von mir, dass du mich so malträtierst, Tag für Tag – und: Warum hast du es so auf mich abgesehen? Schließlich fand ich einen Weg: Ich begann eine Arbeit und wurde zunehmend von dieser Art innerer Unterjochung befreit. Ich hörte eine innere Stimme zu mir sagen: Geh weiter auf diesem Weg und das Verzweifelt-Sein verließ mich langsam.

Was aber ist aus mir geworden. Es ist wie ein Wunder: Bei all dem ist mir etwas ins Herz geschrieben worden, nämlich: Verursache bei niemand Leid, betrübe niemanden, richte und urteile nicht ungebührlich. Und: Spruch des Herrn - Fürchte Gott mehr als die Menschen; und: Tut Gutes, damit sich der Herr sich deiner zur rechten Zeit erbarmt. So ist nicht selten der Weisheit letzter Schluss die Hand auf den Mund zu legen, wenn einen Zweifel befallen und aus dem Inneren das Wort zu vernehmen: Der Ratschluss des Herrn ist unergründlich…

GESPRÄCHIG

Das Gesicht der Frau, die mir gegenüber saß, war alt und hager. Und doch machten es die unzähligen Falten irgendwie schön. Wie die Rinde eines alten, sehr alten Baumes machte es einen glauben, als könnte man darin lesen. Die Augen hingegen waren jung geblieben und spielerisch bewegte sie sie – dem Gestus entsprechend – hin und her. Sie blickte mal dahin, mal dorthin, während sie mir erzählte, wie es ihr hier im Altenheim erging. Sie laß sogar noch Bücher, erzählte sie mir. Sie war nicht unflink im geistigen Erfassen. Nur wenn sie müde wurde – und das ging sehr schnell – wurden alle ihre Bewegungen behäbiger und mit einem milden Lächeln zeigte sie mir, dass sie oft schon genug hätte vom Leben.

Heute jedoch schien sie wie ausgewechselt. Sie erzählte und erzählte, während sie mit den Händen – mal in den Schoß legend, mal auf die Armlehne stützend – kleine Fingerzeige gab, so als wollte sie sagen: `Darauf will ich sie hinweisen!´ oder `Bitte geben sie auf diese Sache acht!´. Ich schämte mich ein wenig, denn ich wollte ihr wie üblich gut zureden, während sie jetzt geradezu Esprit ausstrahlte. Ihre Stimme war hell und rein, nicht gebrochen. Ihre Mundwinkel wirkten charmevoll – immer zu einem Lächeln bereit. Sie erzählte mir, wie sie hier im Altenheim ihre kleinen Erlebnisse hatte, erzählte von früher und machte sich hie und da über sich selbst lustig. Wenn sie so sprach, war sie niemals aufdringlich, niemals drängte sie oder wurde ungeduldig. Sie vertraute einfach darauf, dass ihr Sprechpartner ihr zuhörte. Und zuhören wollte ich ihr; ihr zuhören, wie sie die Dinge ihres Herzens – einem sanften Wind gleich – an mich heranließ. Lauter zerbrechliche Dinge, dachte ich, lauter Worte aus der Tiefe gesprochen. Zeitweise musste sie sich kurz räuspern, aber indem sie gleich weitersprach, ihre Augenbrauen hochzog und ihrer Stimme neue Kraft verlieh, konnte man darüber hinweggehen –und vermutlich war es auch das, was sie wollte.

Es war schon eine Weile, daß wir so dasaßen und miteinander rede-
ten, als plötzlich ein Schweigen eintrat. Ich gab der Stille Raum. Ich
wollte ihr Zeit lassen, denn dass habe ich bei meinen Besuchen gelernt:
das Zeitlassen. Man kann eben nicht alles auf einmal bereden, wie es oft
Jugendliche glauben tun zu müssen. Sie schwieg. Dennoch war ihr Ge-
sicht hell und sie hatte eine Art erinnernder Freude im Antlitz. Ich blickte
sie innig an. Es war wunderbar, wie sich zwei Menschen verstehen konn-
ten, obwohl sie sich in so verschiedenen Lebensaltern befanden. Ich war
ja halb so alt wie sie. Ich gab ihr alsbald die Hand und ging. Wir hatten
die Chance genutzt…

BEGEGNUNG

Das Licht der Laternen auf dem Berg sind kleine helle Punkte, wenn man sie aus der Ferne betrachtet. Es ist nicht zu sehen, wie sie um sich herum Licht spenden, wie sie den Weg beleuchten. Ja gewiss, sie tun es auch und die Menschen, die dort auf - und abgehen können den Weg sehen. Nur aus der Ferne bleibt dies verborgen...

Und bei all dem, kommt mir der Gedanke, ob es nicht gut wäre, den Weg dort drüben am Berg einmal hinauf und hinunter zu gehen, im Licht der Laternen, dem Licht näher kommen, und mich vergewissern: der kleine helle Punkt in der Ferne leuchtet dem der näher kommt den Weg. Und plötzlich weiß ich: Auch Menschen können einander zum Licht werden, entweder als Ferne oder als Nahestehende. Sie sind es, indem sie das Licht suchen und sich begegnen.

DEN ANSTIEG WAGEN

Den Anstieg auf den Berge wagen. Kennen tust du ihn, den Berg, aber du weißt nicht was geschehen wird, wenn du ihn emporsteigst, durch das raschelnde Laub, über die Schneefelder hinweg, über seine Klippen. Es bleibt im Ungewissen, was du fühlst, was dir deine inneren Stimmen ins Gedächtnis rufen; wie du jubelst, wenn der erste Hügel erklommen ist, der erste Teil deiner Wanderung. Ja, der erste Anstieg ist in geheimes Schweigen getaucht, so als wäret ihr, die ihr den Berg besteigt, alleine und nur der Wald singt sein Lied und das ewige All raunt euch zu: Ich siege über die Macht eurer Weisheit. Stille folgt der Spur eurer Schritte. Die helle Stimmung in euch und die Körper, die sich über den engen Pfad bergwärts bemühen, sie sind wie Zeichen des Anbruchs eines neuen Tages, der eben erst beginnt. Noch herrscht die Dämmerung. Noch herrscht die Frische des Morgenlichts. Noch seid ihr Wanderer des Übergangs. Noch seid ihr getragen von dem Mute aufzubrechen. Einsamkeit des Waldes. Wie sehr bist du uns ein Fremder, du Wald, und die Geister in dir sind wie Träume vergangener Tage. Verheißungsvoll sind das Gezwitscher der Vögel, das Knacken der Äste, das Scharren und Rascheln im Unterholz, das Lichtspiel zwischen den Bäumen. Wir hören dich und glauben an dich. Wir sehen dich und du gibst uns seltsame Geborgenheit inmitten all der Bäume, Sträucher und auf erdreichen Grund. Uns öffnen sich die Augen und wir sehen, was vor uns ist: Das G r ü n der Blätter und Nadeln, nur das allein! Es weht uns an, es erfüllt uns mit seiner Farbe Licht. Ein Rauschen ist nicht mehr zu hören. Ein Singen ist nicht zu vernehmen. Die Melodie ist verklungen, die Gesänge sind verstummt. Einzig sehen wir das Grün der Bäume. Und immer wieder, augenblickshaft, wie ein Schauen, das gefunden, was es erblickt.

Wir wissen nicht was kommen mag, aber das Vibrieren in der Luft erzählt uns im Gehen die Geschichte des Berges, diese uralte. Die Sage klingt uns im Hintergrund. Wie ein leises Säuseln begleitet sie unsere

Gedanken. Wirklich wahr? rufe ich. Ich will es nicht – noch nicht – ergründen. Die Schritte werden fester und das Keuchen in der kalten Luft zeugt von der Mächtigkeit, die es zu bezwingen gilt. Ein Gehen ist es, zuweilen ein Sinnieren. Doch dann und wann wird unsere stille Andacht unterbrochen von der Unwegigkeit und Steile des Berges. Ein Pfad dorthin, ein Pfad dahin. Entscheidungen folgen. Nach jeder Kreuzung ziehe ich das Tempo unbewusst an. Wir müssen weiter. Dann, nach einiger Zeit, bin ich wieder ganz bei mir. Ja, ich spüre mich, weil von meinem Körper in Pflicht genommen. Gedanken regen sich und ich horche auf ihr wildes Treiben. Wie eine Marter, die jedoch nicht zu Boden drückt, erscheinen mir einige von ihnen. Sie wollen einmal dieses, einmal jenes ins Gedächtnis rufen. `Gänzlich ungelegen´, murmle ich vor mich her. Sie wollen bezwungen werden, wie der Berg, niedergerungen, durch körperliche Ertüchtigung. Ich stöhne und schnaufe. Ich wiege den Oberkörper bei jedem Schritt nach vorne über, parallel zum steilen Weg. Wie man ein nasses Tuch durch festes Winden seiner Feuchtigkeit beraubt, so überwinde ich die unwirschen und aufmüpfigen Gedanken durch die Anstrengung, die alle Glieder überzieht. Das anfänglich heitere Licht meiner Seele ist entschwunden. Die Mühen des Wanderns überragen jeden Leicht-Sinn. Schweiß rinnt über die Stirn. Die Hände umklammern die Gurten des Rucksacks.

Hoch oben das Gipfelkreuz. Dünne Nebelschwaden ziehen über die Scharte. Dann und wann hebt ein Vogel, schwarz, in die Lüfte ab und fliegt flach entlang des Felsens. Der Berg ragt mächtig in den Himmel… kratzt die Wolken. Himmel und Erde scheinen sich hier zu berühren. Die Mystik des Berges ist seine Erhabenheit und Schönheit.

Ihr Wanderer, die ihr den Berg besteigt: Freude ist euer Lohn.

Gebt Acht!

DIE KATZE AUF TÜR 21

Die Katze, die vielgeliebte, ist eine, die zur Zeit– obwohl im Grunde sehr genügsam – ihren Herrn, der ich bin, nicht immer mit dem sonst so üblichen vertrauenswürdigen Blick begutachtet, was jedoch sowieso nicht Hundertprozent sicher ist, ich meine das vertrauenswürdige Begutachten, denn sie sieht und dass ist mir vor kurzem aufgefallen, nicht so, wie wir sehen und begutachten, obwohl – und das sei auch gesagt – ich anfänglich ernsthaft meinte – als ich einmal gerade eine Zigarette rauchte – sie begutachte mich doch misstrauisch, so wie wir Menschen hie und da jemand misstrauisch begutachten, wenn etwas nicht hundertprozentig den guten Normen und Sitten unserer Gesellschaft entspricht. Heute bin ich mir mehr denn je sicher, die Katze sieht, wenn sie mich so beäugt – Augen hat sie ja – anders, so etwa, das ihr Sehen über das REINE Schauen hinausgeht, nämlich indem sie möglicherweise auch durch die Nase begutachtet, was uns Menschen ja völlig fremd erscheint, durch ihr feines, kaltes, nasses Nässchen also, mit dem sie mich mustert, als gebe es mich nur durch Ihre Nase, als existiere ich nur über den Geruch, der vielleicht durch den Zigarettenduft nicht unbedingt die beste Seite von mir wider gibt, gegenüber sonstigen Gerüchen, diese Katze also, die immer wenn eine Zigarette geraucht wird, sich urplötzlich erhebt und zum Wassertopf läuft und schlürft und schlürft, so als ob sie Trockenheit dazu anstifte, wobei ich mir sicher bin, dass sie dieses nicht sozusagen aus freien Stücken macht, so wie wenn man ein Wasser trinkt, weil man durstig ist, sondern mit einer inneren Notwenigkeit, sobald ich eine Zigarette rauche, einer Notwenigkeit, die etwas für mich maßlos Zwanghaftes an sich hat und ich mich unwillkürlich frage, die Katze falsch erzogen zu haben, sodass sie sich ihrerseits herausnimmt mich auf instinktive Art erziehen zu wollen, indem das Zigarettenrauchen und das Wassertrinken auf so zwanghaft unbedingte Art verbunden werden, damit ich mir Gedanken mache über mein Zigaretten-Rauchen und vielleicht Gedanken mache, ob eine Katze – das sei einmal hypothetisch formuliert -

mit Absicht vom Zigarettenrauchen abhalten will und kann, indem sie einem durch unangenehme Zwängen bekehrt, was für sie – da sie ja DOCH instinktiv agiert – nicht weiter von Bedeutung ist. Oft setzt sie sich danach auf einen Stuhl und tut, wie wenn nichts gewesen wäre, sodass einem graue Haare wachsen könnten, dass es zum Schreien ist und man am liebsten aufstehen möchte und Hand an der...

Aber, und dass sei beruhigenderweise auch gesagt, dieses Geschehen ist doch vielen genau genommen vertraut, so etwa, wenn man abends in die Röhre guckt und man ein solches Drama auch auf höchster Ebene findet, etwa wenn der Heinz ein neues Spiel erfindet, in dem er die Muselmanen lustvoll vom Bildschirm schießt und sich einbildet, das wäre etwas durch und durch Originelles und Wehrhaftes gegen die Gefahr aus dem Orient, dass also der Heinz sich anschickt aller Welt zu beweisen, wie mit wenig Müh und Lust dazu er die Scharen von Fremdgläubigen eines auszuwischen kann und wie dann der Rest der Welt brav vor dem Fernseher sitzt und noch braver etwas Ordentliches tut und nur der Heinz sich seines Spiels nicht verlustig sehen will und immer und immer wieder daran herumfummelt und der Rest der Welt zum Bravsein schreitet, besonders jetzt und besonders die ehrenwerten Herrn Politiker, die sich mit einer inneren zwingenden Logik eine leichtes unaufdringliches Bravsein aufschminken, und mit bedachten Worte die Heinz Spiele tadeln, aber immer, wie gesagt, mit vorgehaltener Hand, und nicht zu laut, so, wie es der menschlichen Kommunikation möglich ist; wie also auch hier alle zur Tagesordnung übergehen und den H genervt, ob der inneren zwingenden Logik jedes Mal mit seinem Spiel zurücklassen.

Aber zurück zur Katze. Neuerdings fällt mir auf, dass ihr unbezähmbares Eigenleben dann etwas – sagen wir – ordnungsgemäßer verläuft, wenn man sie abends einige Zeit auf den Schoß nimmt, nämlich so, dass sie das Gefühl bekommt, man berge sie hierin, wie es eben ein guter Haustierbesitzer zuweilen tut. Manchmal aber denke ich mir, dass auch die Katze ihrerseits sich um mich kümmern könnte und nicht nur das Fressen und Schlafen, zwei Hauptbeschäftigungen, ersehen sollte; und dies besonders in meinen einsamen Stunden, um so den Vorschuss an Liebenswürdigkeit meinerseits abzugelten, obendrein auch wegen der vielen fürsorglichen Tätigkeiten, die ich meinerseits ihr entgegenbringe. Aber partout will sich die Katze dahingehend nicht benehmen, sondern im Gegenteil: Sie flüchtet in solchen Stunden meine Gegenwart, was mich heute an so manchen `guten´ Freund erinnert, der zu Zeiten der Not das Weite sucht. Die Katze hat dann die Angewohnheit sich herumzudrücken und im Schleichegang ihre Rundgänge durch die Wohnung absolviert, um mit einer immer wiederkehrenden, inneren Logik meine Person zu meiden. Sie lässt sich sogar in solchen Momenten weit eher von der Zentralheizung wärmen als von mir. Komme ich ihr zu nahe, dann ergibt sich daraus die Situation des Im-Wege-Stehens. Sicher, sie flüchtet nicht unvorsichtig, und das mag mit der Furcht zusammenhängen, dass ich ihr eines Tages meine Fürsorglichkeit entziehen könnte; denn Fressen, Schlafen und die Toilette müssen ja immer auf dem neusten Stand sein, sonst wird sie meiner noch gänzlich überdrüssig und pinkelt mir an den Türpfosten und ich müsste sie mit einigem Nachdruck auf ihre schwer erworbene Stubenreinheit aufmerksam machen.

Aber alles in allem ist die Katze ein liebes Tier.

Ich erinnere mich noch an den Politiker, den Herbert, dem Unglücksraben, der zehn oder mehr Autounfälle überstand. In einer Talkshow lies er einmal über sein Schicksal ein kleines Wörtchen fallen und man hatte, Schreck lass nach, den Eindruck, als wäre er von da an von der Bildfläche verschwunden. Die anderen Herren wechselten beflissen das Thema, so als ob die Schreckenbotschaft niemals ausgesendet worden wäre und so als ob der Herbert gar nicht mehr existieren täte; dabei war es doch nur so eine unschuldige, dem schweren Schicksal eingedenk gewesene Geste... wiewahr... nur die Moderatorin erbarmte sich seiner, wohl wissend, dass es um einen Politiker gehe und schloss in wieder ins bunte Treiben der Diskussion.

Insgesamt kann man sagen: Dort wo der Verstand nach unten hin aufhört, beginnt der Instinkt. Und wenn Katzen manchmal so etwas Menschliches an sich haben, dann nur, weil wir Menschen uns mit ihnen auf der Ebene des Instinkts vergleichen. Ja, manchmal sind auch wir Menschen noch nicht aus den Kinderschuhen entwachsen.

INNEHALTEN

Um Punkt Acht verließ Reinhold seine Wohnung. Es war ein Morgen, wie jeder andere auch. Beim Aufstehen erinnerte er sich an den Termin, den er bei Herrn Karl, seinem Therapeuten, hatte. Reinhold war über Nacht abgezogen auf dem Sofa gelegen und fühlte sich wie ein Sandwich, einfach zusammengeklappt. Er zog seine Hose an und in großer Eile verschlang er sein Frühstück, wie an vielen anderen Tagen auch. Der einzige Unterschied war, dass er sich diesmal vornahm die Therapie wieder ernster zu nehmen. Die Therapie. Er musste dabei ein wenig schmunzeln, weil ihm, nach einigem Nachdenken, wieder und immer wieder seine kleinen Niederlagen vor Augen standen. Es gingen ihm Bilder durch den Kopf, die seine Misere – er nannte sie Lebensabschnittsmiseren – verdeutlichten. Der Humor ist ihm jedenfalls geblieben Der Therapeut, war ein Mensch, der, bei sonstigen Treffen zielsicher die positiven Seiten seines Lebens herauszustreichen wusste. Aber entweder war es Hilflosigkeit oder einfach Oberflächlichkeit, Reinhold ließ sich nicht trösten. Es wollte einfach nicht klappen – irgendetwas war wie Sand ins Getriebe gekommen. Die Worte gingen wie spurlos an ihm vorüber und vielfach stockte die Sitzung durch langes Schweigen.

Nach dem Fortgang von seiner Wohnung hatte er nur noch halb so viel Hoffnung, dass sich Gravierendes in seinem Leben ändern würde. Der einzige Gedanke, den er aufzuwerfen imstande war, galt der Wiederherstellung seines Vorsatzes, ein ernstzunehmendes Gespräch mit Herrn Karl führen zu wollen. Viele Jahre war er nur wie ein Lonely Boy hingegangen: Wenn nicht bald eine Besserung eintreten würde, wollte er seine Therapie an den Nagel hängen und sich so durchs Leben schlagen. Er hatte dabei immer ein Gesicht gemacht, das etwas Heiteres hatte..

Reinhold war Solo, seine Beziehung zu Frauen waren nur marginal, so auch jene zu Esther, mit der er sich beachtliche zwei Jahre verband. Es waren schöne Zeiten dabei. Aber immer stand die Frage im Raum, ob sie einander wirklich liebten, oder ob es nicht ein gegenseitiges Stützen war, wenn einer von beiden schlecht drauf war. Die Beziehung, die anfangs so viel versprach flaute wieder ab. Leider. Reinhold musste sich sagen: Ich bin ein Mensch, der so sein Leben am besten meisterte: Genug Freiraum und Freiheit haben für sich. Er kannte die Leute, die er tagtäglich traf. Es waren Gute und nicht Gute unter ihnen. So ließ er manches schlechte Wort über sich ergehen, weil nicht jeder seine Lebensweise teilte. Sein neugieriger, forschender Blick war vielen, die lieber in einer angepassten Manier ihren Alltag verbrachte, ein Dorn im Auge.

Die Sonne war schon aufgegangen und die Menschen gingen zur Arbeit. Die Luft war abgekühlt und viele Menschen waren erleichtert, weil die Hitze der vergangenen Tage nachließ. In der Nacht fuhr ein Blitz einige hundert Meter von Reinholds Wohnung ein, und Reinhold stand erschreckt auf, um die Fenster zu schließen. Es war beinahe Mitternacht und – wie auch in den Nächten zuvor – gab es immer noch Geräusche von der Strasse her. Es waren Jugendliche, die sich dort zusammenrottenden und Bier tranken. Einige lachten laut, andere husteten. Immer standen ihre Mopeds neben ihnen und manchmal starteten sie diese gleichzeitig und fuhren im lauten Hallodri um den Häuserblock.

Die Nächte sind kurz, die Tage lang, dachte sich Reinhold. Er gähnte und verschlang mehr Luft, als brauchte. Sein Therapeut sagte immer: Achten sie auf das Feine; genießen sie die Dinge des Lebens mit Achtsamkeit, dann gehe das Miese und Bedrohliche von selbst in die Knie und es kommen die guten Gedanken wie von selbst, aneinandergereiht und mit der Leichtigkeit des Seins in Verbindung. Versuchen sie es zumindest, und hören sie nicht gleich damit wieder auf. Aber genau genommen klangen solche Worte des Therapeuten, wie aus einer anderen Welt, aus Herr Karls Welt, sie waren süß, wenn man sie vernahm. Sollte sie sich heute etwas Wesentliches in seinem Leben ändern; dann wollte er darauf hören. Sollte er nicht einmal innehalten und seine eigene Trickkiste des Lebens beiseite stellen, um sich damit auseinanderzusetzen. Wie dem auch sei, dachte Reinhold und stieg in sein Auto in Richtung der gegenüberliegenden Seite der Stadt, in Richtung des Therapeuten. Die Strassen dampften an manchen Stellen vom Regenguss der Nacht. Als er angekommen war, betrat er das Haus in einer Art Stechschrittmanier, tippelte die Treppen empor bis er ihm ersten Stock angekommen war. Vor der Eingangstür ging ihm in der Eile ein Gedanken durch den Kopf: Sein Warten auf Besseres und immer nur dieses ekelhafte Abwarten – zu was ist es nütze? Er war einer, der an sein Leben nicht mehr wirklich glaubte; es war, wie ein Sterben- und Weiterlebenmüssen zugleich. Ungewollt ballte sich seine Hand zur Faust, die er aber sogleich löste, als Herr Karl ihm die Tür öffnete. Als er die Wohnung betrat, empfang ihn dieser stets mit einem herzlichen Lächeln. Er bot ihm einen Platz an. Heute erkannte er sofort an Reinholds Miene und Gestik, dass er sich insgeheim aufgeschlossener zeigte als sonst.

„Wie geht's denn heute?" fragte Herr Karl und ließ dabei das rechte Bein über das Linke fallen, so als wollte er mit dieser Geste die Anspannung der Begegnung wegräumen. Er blickte ihn lang anhaltend in die Augen. Das war seine Angewohnheit. Im Cafehaus, hatte er einen Stammplatz, ganz nach seinem Geschmack, von wo aus er die Gäste beäugte. Wie viele hatte er nicht schon nach einigem Hinsehen richtig eingeschätzt. Wenn er dann nach einiger Zeit wieder nachschaute, begaben sich die seltsamsten Situationen. Die etwa, die beim Hereingehen, das Maul weit offen hatten, saßen in der Patsche und langweilten sich im Gespräch. Herr Karl war dann zufrieden, denn hatte er solches nicht schon vorausgesehen?
„Gut", sagte Reinhold.
„Sagen sie mir, was sie quält. Und dann sagen sie mir, was alles gut gegangen ist, in den übrigen Stunden."
Reinhold sah auf das kleine Tischchen zwischen ihnen.

„Ich mache alles mit einer Hast, verstehen sie? Und obwohl ich vieles unternehme, stehe ich am Ende mit leeren Händen da! Es geht alles seinen Gang, aber ich fühle mich ausgebrannt und die Freude ist wie weggeflogen."

Reinhold sah ihn an und in seiner Art, wie er dasaß schwingte ein Hilferuf mit. Beide schwiegen. Die Stille im Raum war eine, die der sonst so üblichen Gedankenflut Reinholds abträgig war.

Sie sind doch ein humorvoller Mensch?, sagt der Therapeut. „Solche Menschen verdienen sich mehr vom Leben. Oder etwa nicht?"

Dann wieder Schweigen. Aber in Reinholds Inneren begann sich ein wenig Zuversicht einzustellen, ohne jedes Zutun und ohne, dass er wusste wie. Er saß da, als wollte er dem Ungesagten im Gespräch Anlass geben laut zu werden, und zugleich der Assoziation freien Lauf zu lassen. In dem Moment, als sich beide, Therapeut, wie Klient, der Stille überließen, fiel Reinhold die Couch auf, die einige Meter entfernt dastand. Wie viele sind nicht schon draufgelegen und haben hier über ihre Not gesprochen. Und sollte er dieses nicht auch so tun. Doch dann fiel Wort auf Wort, als Reinhold seine innere Zerrissenheit ansprach. Wie in einem Rausch saugte er an seiner Seele und viele Gefühle, wie Angst, Zorn und Trauer kamen zu Tage – die bis dahin gleichsam eingekesselt waren. Reinhold erzählte ihm einen Traum in dem er gleichsam einen in Hast und Mühsal Geratenen spielte. Immer musste er weitergehen, gleichgültig, ob es ihm gefiel oder nicht. Immer waren die Begegnungen von flüchtiger Art, gleich ob er dabei Halt suchte oder nicht. Was auch dabei auftauchte – und Reinhold war offen darüber zu reden. Und schließlich: Hatte er den Traum nicht aufgeschrieben und mitgebracht. Er nannte in `Der Held´. Es ging um die Stadt in der wohnte und in der er viel gelitten, in der er aber auch zu kämpfen gelernt hatte, wie ein Held. Es begann so:

Von dem was ich im Traum gesehen habe: Die Stadt, in der ich lebte, ist zweigeteilt. Der eine Teil ist jener, in dem der Bewohner sich zurechtfindet. Der andere, in dem man, wie durch Passagen und Grotten in die Skurrilität der Unterwelt hinabsteigt, verfolgt wird, immer in Gefahr ist, daran irre zu werden, wie Odysseus an den Sirenen. Anfangs tappt man ja immer wieder in die Falle. Dort ein Eintritt in eine Gasse, da ein Gitter hinter dem sich der Wahnsinn versteckt. Man tritt ein, und weiß zugleich dass man nicht umkehren kann. Wollte man es, so wird man gewahr, dass es kein Zurück gibt. Wollte man es, dann verzweigen sich plötzlich die Wege bei der Umkehr. Dort liegt die Stadt im Argen. Überall zwielichtige Lokale mit Dirnen und Gauklern. Man geht weiter und sucht den Weg in den bekannten, wohnlichen Teil und wenn er gefunden wurde, dann ist nicht sicher, ob nicht im nächsten Gässchen oder der nächsten Passage wieder Verderben lauert. All dies kommt mir so haarsträubend vor, dass ich mir zuweilen sage: Wenn es so weiter geht, drehe ich einen Film. Doch all das ist vielschichtig, wie nur ein Alptraum Vielschichtigkeit verspricht. Der Held geht durch dieses Dickicht an Unwirtlichkeit, wie durch einen Wald, der überall von Wegelagern bevölkert ist. Und es sind auch Personen zugegen, die das, was geschehen wird, ankündigen und so den Held auf den Weg schicken. Er muss die Gefahren durchlaufen. Den Ratsherrn und hohen Würdenträger der Stadt ist all dies bekannt. Sie wissen es, können aber nicht einschreiten, denn es ist so, wie wenn ein Fluss über die Ufer tritt. Zuweilen wird diesen oder jenen Personen angedroht, falls sie jetzt nicht ganz den Anweisungen der Obrigkeit folge leisten, werden sie in jenen Teil der Stadt geschickt, der den Schelmgeistern ausgesetzt ist. Und doch ist alles nicht so einfach: Denn man hat erfahren, dass es vor allem diese Geister sind, die ihr Unwesen treiben. Denn, nicht etwa sind die örtlichen Verhältnisse durcheinander– einmal abgesehen von den dubiosen Lokalbesitzern, die die Mehrzahl der Lokale in finstere Schubben verwandeln, wo das Herz schon von Grund auf in Verzweiflung gerät. Nein, es sind die Geister, die einen befallen, sobald man jenen Stadtteil betritt. Sogar geistlichen Personen, die etwas robuster sind in der Aushaltung solcher Geister ergeht es ähnlich. Nur die oberste Geistlichkeit, die außerhalb dieses Bezirks wohnt, droht mitunter an, dass sie Personen, die ihnen durch ihr Auftreten suspekt geworden sind, eine Zwangsverbannung in jenen Stadtteil zukommen lassen werde. Aber auch der Held ist gewappnet: Er sagt sich: Wenn der Wahnsinn herrscht, dann ist der Wahnsinnige normal, und nur der Normale wahnsinnig. D.h. der Held ist mit diesen Zuständen irgendwie bekannt geworden und erträgt sie, wenngleich auch nicht stoisch, sondern durch den Kampf. Er glaubt an ein gutes Ende. Er glaubt daran, dass er seine Bahn durchläuft, wenngleich er schon wehmütig an seine Heimkehr denkt. Wie Odysseus, der den Schächern ein schlimmes Ende bereitete. Er steigt über Häuser, er überwindet die Hindernisse, wenngleich es so aussieht, als täte er dies nur, um neuen Gefahren zu begegnen. Aber nach einer Zeit der Qual, denkt auch er an die Heimkehr. Er verliert seinen Gefährten und alles, was er zum Schutz seiner Person mitbekommen hatte, ist aufgebraucht. Hie und da wird er eingedenk, dass es eine Prüfung ist, sich all dem zu stellen. Aber er kann dagegen nicht an. Er sitzt dann da und spult Vergangenes ab, wie einen grauenhaften Film, der noch nicht vorüber ist. Er weiß, alle sind sie gegen ihn, weil die Zeit noch nicht gekommen ist, den Sieg zu proklamieren. Viele sind es die ihn anzweifeln, in Verdacht ziehen, die meinen, er selbst gehöre dorthin, woraus er zu entrinnen sucht. Viele sind es, die sagen: Wir wussten es immer schon…Viele werden ihm kein gutes Zeugnis ausstellen, solange sein Weg noch nicht vollendet ist. Sie werden sagen: Uns kam dieser Mann irgendwie seltsam vor; denn er konnte sich nicht ausweisen, mit unserer Rechtschaffenheit und Anstand. Es fehlen ihm die Fürsprecher. So ist er uns ein Dorn im Auge. Und wenn es doch stimmen sollte, dass er das Gute im Sinn hat…wir gehen unseren Weg weiter, und überlassen ihn seinem Schicksal. Aber der Held kennt die arglistigen Herzen und es gehört alles mit zu seiner Prüfung. Er kämpft dagegen an. Er hält das Gute für gut, das Böse überwindet er, wenngleich zuweilen mit Tränen in den Augen; denn nicht immer hat er all seine Kraft zur Verfügung.

Auch er muss darauf vertrauen, dass ihm höhere Mächte zu Hilfe kommen. Auch er vertraut auf Gott, der von Ewigkeit her den Menschen wieder aufrichtet, um ihm einen Ausweg aus der Bedrängnis zu zeigen. Und tatsächlich kommen ihm Menschen unter, die ihm Zeichen am Wege sind: Am Gipfel seiner Not stellt sich ihm eine Frau in den Weg und fragt, ob er sich noch des Rechten entsinne. Der Held hält inne. Die Zeit bleibt buchstäblich stehen. In seinem Gespräch mit der Frau verläuft alles wie immer, so normal, so wärmend, so stärkend. Zurück bleibt ein Funke der Erhellung, des Wachseins inmitten des Alps. Die schelmischen Geister ziehen sich zurück, die Stadt neigt sich dem stillen Gesang der Helden zu. Es klart sich auf, die Blicke werden offen, der Tag beginnt...

Reinhold sah Herr Karl an. Er lächelte. Nach einiger Zeit sagte er: „Sind sie da nicht ein wenig zu streng mit sich selber. Vielleicht hat der Traum auch eine
verschlüsselte Botschaft. Es geht ja auch um ihr Innenleben. Klar hat man so manches auszustehen, aber man sollte sich Erleichterung schaffen – so gut es eben ginge." Reinhold stimmte zu; er war getröstet.

Jahre später

Langsam, unendlich langsam, erwachte Reinhold aus dem Schlaf, der wie ein Nichts hinter ihm lag. Als ob er die Augen zum ersten Mal geöffnet hätte, als ob er nicht wüsste, dass es den Morgen, den Tag, die Liebe oder sonst irgendetwas gebe. Er bemerkte, wie sein Körper seitwärts auf einem Bett lag – mit einer Schwere, ach, dieses Gefühl, nichts zu bemerken, einzig diese Schwere. Die Augen halb offen und doch war der Blick nach innen gekehrt: Woher kam ich...? - kein Zeichen, keine Antwort. Er war leer an Sehnsucht. Er war müde. Es war, als gab es nichts anders, als eben nur das: Dazuliegen und abzuwarten, was passieren würde. Er war allem überdrüssig und mochte dieser Zustand, der sich wie ein Gelähmtsein anfühlte, nur anhalten - er hätte nichts dagegen.

Auch den Wunsch zu weinen hatte er; aber im selben Moment, als er ihm einfiel, wurde er wieder wie eine Unmöglichkeit von ihm gerissen. Wer bin ich? fragte er sich stattdessen Die Vergangenheit, gibt es sie noch? Fragen. Er streckte seine Füße an den unteren Rand des Bettes und zog die Decke bis zum Hals. Er hatte Angst vor dem Moment der Wahrheit. Doch dann erinnerte er sich wieder, wie er hierher eingeliefert wurde, wie man ihn von einer Stadion zur anderen brachte, ohne Reden, ohne Erklärungen. Man sei sich sicher, was zu tun sein würde, hieß es ohne Worte, wohl aber durch Gesten. Er fügte sich und lies sich fallen, wenngleich ihn eine rasende Unbehaglichkeit ergriff. An jedes Wort, das er erheischen konnte, klammerte er sich, die Stimmen unterscheidend, eine nach der anderen ins Gedächtnis einspeichernd, wie ein Kind. Und doch wehrte sich etwas in ihm, bäumte sich etwas in ihm auf, wollte sich zusammenziehen, wie die Hand zur Faust – nur nicht das: Fallenlassen, Durchfallen, `Verrücktwerden´, Schreien…Nicht fallen lassen, murmelte er vor sich her; und wenn, dann wieder aufstehen, gleich, sobald es ginge, sich wieder erheben, erheben…

Er sah verschiedene Räume, die alle ihre eigene Stufe der Helligkeit besaßen. Dann das fahle Licht eines Zimmers. Es war eines von jenen alten Häusern der Psychiatrie, die immer wieder renoviert und instand gesetzt wurden und einen erahnen lassen, wie es hier wohl vor siebzig oder achtzig Jahren ausgesehen haben mochte. Die Mauern waren ungewöhnlich breit und dick, etwas villenartig. Er erinnerte sich leise an eine Fernsehsendung, in der die modernen psychiatrischen Krankenhäuser von außen ins Bild gerückt wurden. Es war, als scheute man sich davor auch ins Innere zu blicken. Lauter Narren und Geistesgestörte dahinter…?

Dann schlief er ein.

Als er wieder erwachte, lag er völlig kraftlos da. Was war mit all den Plänen, den Vorsätzen, den Freundschaften, die sein Leben ausmachten. Vielleicht wusste auch niemand, dass er hier war, wie auch? Oder doch? Seine Brüder hatten ihn ja zur Einweisung überredet, ja gezwungen. Sie sahen in ihm einen Menschen, den man abschieben konnte, um sich danach nicht mehr mit ihm abzuärgern. Reinhold war der Jüngste und hieß so wie sein Vater. War es nicht so: Man hat da jemand in der Familie, auf den man die eignen Ängste und Fehler werfen konnte, innerlich versteht sich, und der jetzt psychologisch behandelt wird.

Ein Rätsel, fürwahr.

Aber Reinhold war dies alles entsetzlich genug, sodass er nicht mehr daran denken wollte.

Endstation Psychiatrie. Einsam ist er hier. Die Welt: sie ist seine einsame Welt und ihn schmerzte jeder Gedanke an eine feierliche Stunde der Gemeinsamkeit. Vielleicht ist doch Hoffnung, dachte er, vielleicht wird es besser werden. Vielleicht weiß ich nur nicht, dachte er, was der Moment tiefster Enttäuschung alles in sich birgt. Und da war plötzlich der Gedanke: Ich bin nicht allein. Er dachte an große Heilige, wie Johannes von Gott oder Theresa von Avila. Es war, als stunden sie neben ihm, ebenso geplagt von allen möglichen Geistern, von Depressionen und psychotischen Anfällen. Sein Inneres wurde ein wenig erhellt. Ja, sie waren ihm jetzt nahe, so nahe, dass er mit ihnen zu kommunizieren schien. Du, Johannes, dachte er, wie erging es dir in Spanien, als du jahrelang diese Qual erdulden musstest. O weh, wie sehr sind wir nicht auch Geprüfte, von Gott Verlassene, gepeinigt von Dingen, die unserem Verstande zu hoch sind. Oder wie wollte man es benennen, was uns bedrückt. Waren nicht gute wie schlechte Stunden in unserem Leben und doch sind wir heute am Rande des Abgrunds. Waren wir nicht voll Begeisterung für das einfache Leben und doch erscheint es uns jetzt wie eine Farce. Wo sind nur die starken Arme, die uns aus der Not befreien, zurzeit, wenn wir ihrer bedürfen. Aber nichts von all dem bekam Realität. Wer vermag hier aufzublicken und zu sagen: Ich weiß um die Hilfe und das Heil. Seid nicht auch ihr, die man die Heiligen der Kirche nennt, wieder und wieder in den Sumpf schier auswegloser Not geraten. Was bleibt mir, als euch zu nennen in meiner Seele. Vielleicht fehlt uns der Blick darauf, wie auch ihr herumgeistert in den Irrenanstalten dieser Welt. Niemand ist bereit euch bekannt zugeben. Es ist, als setzte hier die Sprache aus, als fiele es schwer darüber zu reden. Kein Wort, nur dunkle Hinweise. Man munkelt nur, es sei da etwas gewesen. Doch jetzt, wie nahe seid ihr mir! Ich ahne, was das Leben jedem bereithält, um sich damit auszukennen. Doch verstummte seine innere Stimme, denn beschwert war dieser Moment der Erhellung. Nichts von Frohlocken war damit verbunden, denn in der Stille des Morgens war er wie entleert von jeglicher Zuversicht. Ihm blieb nur der schwach gewordene Körper, der jede größere Erregung von sich wies. Johannes, Theresa. Namen kommen und gehen. Bleibt mir nahe! ... wollte er noch rufen.

Einige Zeit sah er sich schon vor dem Arzt sitzen und erzählen, wie es ihm gehe. `Nicht sehr gut´, würde er ihm vermutlich lakonisch antworten. Reinhold kannte bereits die gedrückte Atmosphäre dieser Krankenhäuser. Man weiß nicht wo einem der Kopf steht. Man bemüht sich um Zerstreuung. Wie aber alles wieder besser werden soll, wie alles wieder zusammenwachsen soll, das ganze Gewebe des alltäglichen Lebens – das weiß der Kuckuck. Hier ist einer wie umwölkt von inneren Spannungszuständen. Geht jemand an dir vorüber, so spürt man die Last – die seine, wie die eigene. Was wird in den kommenden Stunden passieren. Fragende Gesichter, Stumpfheit. Warum sind sie denn hier? Welche Diagnose wurde bei ihnen gestellt? In ihm war Bangigkeit und Gleichgültigkeit zugleich. Was war denn geschehen, wie sollte man darüber sprechen können. War nicht die Sprachlosigkeit auch ein Grundübel vergangener Tage, dachte er. Immer nur dasitzen, ohne Entscheidungen fällen zu können. Zum Schluss konnte er sich nicht einmal mehr dazu aufraffen, sein Zimmer zu verlassen. In dieser Situation wünschte er sich jenen Schlaf, der kein Ende hat und höchstens erwacht einer dann und wann, wenn er munter ist und in sich neue Kraft verspürt. Nur schlafen, nur noch schlafen... Reinhold rieb sich die Augen und erhob sich zum Aufstehen.

Als er sich die Zähne geputzt hatte und sich wieder aufs Bett saß, war immer noch Stille im Zimmer. Vermutlich kennt jeder Mensch im Ansatz, was es heißt psychisch krank zu sein, dachte er. Aber es ist, als wollte eben das verhindern emphatisch zu sein. Ist es nicht der menschliche Geist, der über die Psyche ein Urteil fällt. Wenn dem so ist, so besteht die Gefahr selbst durch eine unvorsichtige Aussage in Verruf zu kommen. So bleibt man auf Distanz, will sich nicht gemein machen mit psychisch Kranken.

Es war Sonntag und die Wetterprognose sagte einen schönen Tag voraus. In der Nacht hatte es geregnet, denn von den Bäumen und Sträuchern fielen dann und wann dicke Tropfen nieder. In dem Garten, in den er sehen konnte, befanden sich rings um verschiedene Blumen, Rosen, Tulpen und Narzissen, die ihre Kelche schon weit geöffnet hatten. Ein leichter Wind bewegte sie hin und her und ihr Duft drang manchmal bis zu ihnen hinüber. Zwischen den Bäumen blinzelte die Sonne hindurch und immer noch war es still an diesem Morgen.

Von Ereignissen zu berichten, die während dieses Morgens in der Klinik geschahen, ist kein einfaches Unterfangen, da man – wie es scheint - die meiste Zeit mit sich beschäftigt ist. Je mehr dem Menschen die Möglichkeit genommen wird sich in freier Form zu betätigen, desto stärker wird das innere Erleben, um dessen Heilung man bemüht ist. Ja, es gibt Forschungen, wo gesunde Personen unter hermetisch abgeriegelten Bedingungen untersucht wurden und es zeigte sich, dass auch sie, nach einiger Zeit, unter psychotischen Symptomen litten. Ihre Innenwelt war derart intensive geworden, dass sie in ihrer reizarmen Umgebung kein Auslangen mehr hatten, und stattdessen ihren inneren Gedanken und Regungen nachspürten – was oft seltsame Blüten trieb. Was aber, wenn unter ähnlichen Zuständen der Mensch dazu getrieben wird, sich auch äußerlich kundzugeben? Würde er sich nicht ebenso sonderbar verhalten oder zumindest sein sonst angepasstes Benehmen hinterfragen. Er wäre höchstwahrscheinlich von der gegebenen Situation überrascht und ihm unterliefen ebenso peinliche Fehler, die er nur schwer als zu ihm gehörig betrachten würde. Diese Gedanken begleiteten ihn, während er auf seine Zimmergenossen blickte, die noch in ihren Betten lagen.

Aber die Frage ist, und sie stellte sich Reinhold auch: Sind wir nicht in manchen Momenten unseres Lebens gehorsamer, wenn wir uns unserem Irrsein stellen und ihm bis zu einem gewissen Grade Recht zu geben geneigt sind, als es permanent zu leugnen. Man kann noch einen Schritt weitergehen und sagen: Es gibt Situationen, die, obzwar auch schmerzvoll und vielleicht verrückt, Teil unseres Lebens sind, von denen wir uns nicht unnötig abzustoßen brauchen, weil sie einem aufs erste befremdend erscheinen, in denen ich meine eigene innere Welt widergespiegelt sehe, auch wenn wir unsere Anstrengungen unser psychisches Sein intakt zu halten damit nicht aufgeben. Dazu gehört auch eine Portion Mut, um sich nicht gleich jeder Verantwortlichkeit zu entziehen. Es gehört dazu, dass man dem Mitpatienten gegenüber als ein treuer Gefährte erscheint, wenngleich manchmal nur in einigen wenigen Augenblicken, aber doch von Grund auf und nicht gekünstelt. Man richtet sich die Dinge, so als wären sie alltäglich, und weiß doch, dass sie es nicht sind. Das, was man gewöhnlich als normal empfindet, wird buchstäblich gedehnt, bis zu der Grenze, wo man auch all die kleinen Verrücktheiten in der Krankenanstalt als seine Welt betrachtet, sie in das eigene Leben einzuweben bereit ist, wenn auch manchmal aufgrund eines bloßen Überlebensinstinkts. Jedoch scheint es gewiss zu sein, dass je mehr einer sich nicht daran stößt und innerlich rebelliert, er auch von anderen als gutmütig erlebt wird, als einer, der sich auch hier seine Leidenschaften und Angewohnheiten zuzugeben traut, und so etwas wie ein Leidensgenosse wird, was nicht selbstverständlich ist.

Als Reinhold schon eine Weile am Bett dagesessen war, gab er sich einen inneren Ruck und stand auf. Er verließ das Zimmer und wollte sich ein wenig umsehen, als er an einer Tür ein Schild las: `Gemeinschaftsraum´. Als er ihn betrat, sah er eine jüngere Frau, die auf einem Sofa saß und dies schon früh morgens. Sie hatte Tränen in den Augen. Sie schien sich zu bemühen äußerlich normal zu wirken, aber man sah ihr den Kummer an. Sie hatte blonde Haare und ein blau gemustertes Kleid an. Reinhold fragte sie, was sie für eine Art von psychischer Krankheit hätte und ob auch sie an Depressionen litt, wie er. Sie sprach zunächst nichts und bot ihm durch eine freundliche Geste eine Zigarette an. Er nahm sie und zündete sie sich an, wie sie auch.

„Hat es eine Bedeutung, dass sie Weinen", fragte er nochmals unbeholfen.

„Ich weine nicht" sagte sie, „Mir ist nur nicht gut. Aber das ist nichts Neues hier."

„Wollen sie mir ihr Problem erzählen?" fragte er sie.

Sie schwieg.

Reinhold erkannte gleich, dass sie eine interessante Frau war und gab ihr zu verstehen, dass er ihr genau zuhören wollte.

„Aber wenn du willst, machen wir einen kleinen Spaziergang" schlug sie ihm vor.

„Eine gute Idee" sagte Reinhold und so gingen sie früh morgens ins Freie.

Es befand sich dort ein kleiner Garten mit einer Bank und sie gingen darauf zu. Als sie sich hinsetzte, begann sie wieder leicht zu weinen. Reinhold wollte sie trösten und sagte ihr, sie möge sich nicht aufregen.

Sie hätten ja noch Zeit genug, sodass sie ihm ihre Geschichte ein andermal erzählen könnte.

„Nein, nein" erwiderte sie, „Es ist vielleicht doch von Bedeutung. Wie heißen sie übrigens?"

„Nennen sie mich Reini; Reinhold ist mein richtiger Name."

„Ich heiße Ingrid" sagte sie. „Ich bin schon die zweite Woche hier und es wird nicht besser. Bevor ich her kam, befand ich mich einige Zeit in einer schweren Krise, aus der ich keinen Ausweg sah. Ich bemerkte Ich vernahm in mir immer wieder den Wunsch auszuweichen, mich zu verstellen. Aber so wuchs die depressive Verstimmung von Tag zu Tag. Es wurde buchstäblich ein wenig Hölle, um mich und ich durfte mir nichts mehr vormachen. Doch damals traf ich eine Bekannte und ich wollte mich ihr ganz anvertrauen. Ich sah in ihrer Person gewissermaßen einen Rettungsreifen, weißt du, wie ein Schwimmer auf hoher See, wo der Wind und die Wellen über einen schlagen." Sie lächelte. Reinhold war froh, daß sie wieder ein wenig heiterer wurde.

„Ja, in diesem Moment also erschien mir diese gute Person, wie man sagen kann, denn es war zu einem Zeitpunkt äußerster Ratlosigkeit. Aber in dem Moment, als wir uns sahen, brach in uns etwas auf und mir kam alles Reden wie losgelöst vor. Ich erzählte ihr von meinen Sorgen. Ich war jedoch vorsichtig, denn ich dachte in meiner Not daran, dass diese Begegnung einen Umschwung mit sich bringen könnte. Und da geschah es, dass auch sie mir von ihren Problemen erzählte. Es war ein seltsamer Augenblick. Plötzlich saßen wir uns gegenüber und waren wie zwei vom Schicksal Geschlagene. Was ich damals empfand war, dass gleichsam ein Faden zwischen uns gespannt war, wiewohl ganz fein. Dennoch gab es gute Gründe sich miteinander auszutauschen. Man kann es Freundschaft nennen, was da begann, wenngleich wir wussten, dass vieles im Ungereimten war, all die quälenden Fragen und Unsicherheiten, wie es weitergehen würde. Doch im Laufe unseres Gesprächs schwand der Zweifel, da wir wussten, dass es nichts in der Welt gab, dass uns jetzt auseinander bringen konnte. Es war eine unvergleichliche Nähe, die ich spürte, sozusagen ein Moment der Seelenverbundenheit. Wie mir im Nachhinein erschien, waren wir damals sehr überrascht von dieser Begegnung. Ich hoffe du hörst mir noch zu. Ich bin ein wenig außer Atem gekommen."

„Doch, ganz und gar."

„Wir verließen einander recht zuversichtlich, doch nach einiger Zeit begann bei mir alles wieder von vorne und so bin ich hier her gekommen. Jetzt ist meine Freundin auf Urlaub, gerade jetzt! Das hat mich zum Weinen gebracht. Verstehst du?"

„Aber du könntest dich freuen überhaupt eine Freundin zu haben. Du hast einen Menschen, der dich kennt und den du, wenn die Zeit da ist, wieder besuchen kannst" sagte Reinhold.

„Und du, wie steht es bei dir?" fragte sie.

„Bei mir ist es ähnlich, aber es fehlt momentan noch die Verständigung. Ich fühle mich zurzeit ganz allein. Ein scheußliches Gefühl!"

„Vielleicht wird es besser, wenn du auch andere hier kennen lernst." Sie richtet sich dabei ein wenig auf und strich sich mit einer Hand durch die Haare.

„Es sind auch ein paar lustige Genossen hier und es spielen sich ab und zu komische Dinge ab. Außerdem kannst du mit mir immer reden."

Das ist gut, dachte Josef, und während sie sich einander ansahen, gab er ihr unvermutet seine Hand. Sie nahm sie und strich zärtlich darüber. Dann lächelten sie sich an und er sah plötzlich ihr hübsches, helles Gesicht. Er spürte seit langem wieder, was es heißt einem Menschen nahe zu kommen; und dies unerwartet und in dieser eigenartigen Situation. Was braucht man denn, wenn nicht jemanden, der einen mag und nicht überheblich ist. Beinahe kamen ihm jetzt die Tränen. Sie rückte ein wenig näher zu ihm heran.

„Diese verflixte Krankheit ist nun einmal unser Los. Aber ich habe in manchen Sachen keine Rücksicht mehr genommen. Immer wenn ich verzweifelt bin, dann beginne ich zu boxen oder zu rennen. Ja, irgendwie muss man sich helfen, damit sie dir nicht an die Pelle rückt."

„Aber die Liebe?" fragte Reinhold und hielt kurz inne.

„Wie ist es denn zu verstehen, ohne die Liebe auskommen zu müssen. Ich bin froh, dass du jetzt hier bist. Denn ich leide auch darunter, dass wir viel zu wenig zu lieben verstehen. Jeder geht seinen Weg und viele gehen buchstäblich aneinander vorbei, ohne sich einzugestehen, dass sie einander brauchen. Mir erscheinen die Menschen von heute manchmal wie von Sinnen. Es ist, als gebe es in unserer Stadt nur noch Touristen. Alles ist so flüchtig und zunehmend sind wir vergesslich, wie wir einander Zuneigung zeigen können. Dabei kann die Liebe so befreiend sein. Man geht zusammen barfuss über frisches Gras, klettert auf Bäume oder tut sonst irgendetwas mit Freude. Man berührt sich und spürt, wie man sich näher kommt, so wie wir jetzt."

„Gewiss. Du bist einen Tag hier und hast schon wieder Lebenslust. Ingrid lächelte verschmitzt. Das bewundere ich."

„Nein", sagte Reinhold, „Aber sage nur, was mir all die Zeit so sehr fehlte."

Ingrid blickte auf ihre Hände.

„Weißt du, ich hatte einen Freund, aber er bedeutet mir nicht mehr viel. Er hat mich in letzter Zeit immer wieder im Stich gelassen und dass kann ich nicht mehr so mitmachen. Ich bin auch nicht mehr die jüngste, aber ich träume immer wieder von einer erfüllten Beziehung. Doch es kam immer ganz anders. In Wirklichkeit hat man wahrscheinlich nur einmal die Gelegenheit, jemanden so zu mögen, dass er der Lebenspartner wird."

Reinhold nickte. Er spürte ein Ziehen um die Brust, wie er es manchmal in glücklichen Augenblicken hatte. Doch war er auch erschöpft und fragte sich, ob sein Gegenüber ihm das ansah. Vermutlich - war kurz sein Gedanke -, denn ich bin hager geworden und gewiss auch leichenblass. Auf jeden Fall fühlte er sich im Zwiespalt und zweifelte ein wenig, ob er überhaupt für jemand anziehend wäre.

„Möchtest du wissen, was ich denke?" fragte Reinhold sie. „Das Schicksal verfährt nicht mit jedem auf gleiche Weise. Mag sich einer noch sehr darum bemühen, sich zu ändern, leutselig zu werden und den Kontakt mit dem anderen Geschlecht suchen, es wird immer nur zur oberflächlichen Annäherung reichen. Oft ist es entweder zu spät oder zu früh. Die Bekanntschaften laufen einem davon, und man hat keine Ahnung wieso. Warum das so ist, weiß ich auch nicht, aber es scheint bei manchen Menschen ein Merkmal zu sein, dass sie nicht vom Glück getragen sind. Ich erinnere mich, wie ich oft nach einer Krise den Kontakt zu anderen suchte und sie doch nur mit Männern richtig verwirklichen konnte. Was nicht heißt, dass mir Frauen gleichgültig gewesen wären. Ja, ich sehnte mich oft nach wirklicher Liebe und bereute sogar zu früher einmal gekannten Frauen nicht näheren Kontakt gehabt zu haben. Alles versäumte Gelegenheiten, dachte ich, und jetzt nagt die Einsamkeit an deiner Wurzel. Da gab es jedes Mal Sturmwetter in mir und ich wollte alles auf einmal ändern. Aber nichts davon geschah. Wie ich auch mochte, die Beziehungen wurden nicht besser, ja, manchmal war mir mein Drängen schon peinlich. Wie eine Billardkugel, wenn sie auf eine andere trifft, flieht diese von ihr fort, so kam es mir zuzeiten vor. Aber was es ist, dass so etwas geschieht, wurde mir nicht gleich klar. Natürlich ist diese oder jene Stunde des Glücks auch im Alleinsein möglich ist, wenngleich sie anders ist, herber mit einem Wort, als alle Zweisamkeit; und dieses zu hüten und damit leben zu lernen ein großes Geschenk sein kann. Aber wie bei allem, scheuert auch hier die Zeit daran, und so denkt man sich wieder die lebendigsten Phantasien von der großen Liebe aus. Aber was kann man davon lernen? Ist es nicht das, dass ich es als höhere Fügung begreifen sollte, wenn einem solches widerfährt. Man kann nicht darauf zusteuern, wie ein Schiff auf einen Hafen zusteuert. Wie du schon gesagt hast, vielleicht gibt es überhaupt nur einen Menschen auf dieser Welt, der wirklich zu einem passt und mit dem man zusammen glücklich wird."

Ingrid sah ihn unverwandt an. Hatte sie mich verstanden, fragte sich Reinhold. Sie kam ihm in dem Moment wie ein Engelswesen vor. Dann schwiegen sie.

In der Nacht hatte es geregnet, denn von den Bäumen und Sträuchern fielen dann und wann dicke Tropfen nieder. In dem Garten, in dem sie saßen befanden sich rings um uns verschiedene Blumen, Rosen, Tulpen und Narzissen, die ihre Kelche schon weit geöffnet hatten. Ein leichter Wind bewegte sie hin und her und ihr Duft drang manchmal bis zu ihnen hinüber. Zwischen den Bäumen blinzelte die Sonne hindurch und immer noch war es still an diesem Morgen. Nach einer Weile, sie waren inzwischen schweigsam nebeneinander gesessen, standen sie auf und gingen zurück ins Gebäude. Reinhold hatte den Gedanken sie umarmen, sosehr hat ihn ihre Nähe gefangen genommen. Er ließ es aber sein. Irgendwie nahm er den Zwang wahr, der in der Klinik herrschte, der wie ein Raunen durch sein Erleben der Dinge ging. Reinhold bemerkte auch bei ihr ein Zögern, als fiele es ihr jetzt schwer wieder zurückzugehen, unter die anderen Patienten, sich mit ihnen zu verständigen, sich wieder auf sie einzulassen. So gingen sie wortlos auseinander. Reinhold sah noch, wie sie sich eine Zigarette anzündete und dann in ihrer Wohnungseinheit verschwand. Wieder wollte er seufzen. Auf dem Weg zurück durch den Stationsgang, traf er eine Krankenschwester. Sie lächelte ihn an und gab ihm eine Zeitung in die Hand gedrückt. „Lesen sie ein wenig" sprach sie zu ihm ermunternd. Er nahm die Zeitung, schlug sie auf und setzte sich auf einen Stuhl. Die Welt da draußen, dachte er, sie war in die Ferne gerückt und vielleicht auch ein wenig verrückt.

In den nächsten Wochen begann Reinhold auch wieder zu dichten. Eines davon hieß: Trost in der Not. Reinhold schrieb es unter dem Eindruck, der neu in ihm erwachten Lebensfreude:

`Wo noch ein Lied lebt in deiner Seele,
dort ruf aus, mit ganzer Kehle:
Ich will nicht verdammt sein,
O´ Gott, bin ich doch dein

Wo noch Mitleid ist und Erbarmen,
da will ich begegnen den Armen,
Wenn mir auch Schreckliches widerfährt,
Bleib ich´ doch der, der zu dir sich kehrt.

Von Heulen und Zähneknirschen und Not,
erzählt mir so oft dein Wort, o´ Gott,
Fürcht´ ich mich, so mit viel Bangen,
Lieb´ ich, dann will ich Hoffnung erlangen.

Deine Ärmsten, die Heiligen dein,
wollen strahlende Lichter sein,
unter den Zerknirschten leben sie,
können Mitgefühl zeigen, wie nur, wie?

Darum verlier ich nicht den Mut,
wo nur Liebe noch brennt, wie die Glut,
dort ist mir der Nächste nicht Feind,
Vielmehr, er wird zum geliebten Freund.

Nach einigen Wochen Aufenthalt: Der Zustand der Finsternis war
noch nicht vorüber. Es gab ihn auch weiterhin und er musste dagegen
ankämpfen. Doch er war jetzt nicht mehr allein, er hatte Ingrid, die in
immer wieder verliebt in ihn machte. Welchen Halt diese Liebe wirklich
gab, merkte Reinhold erst, als er zunehmend freie Tage bekam, an denen
er die Klinik verließ. Am Tag der Entlassung bedankte er sich offiziell
bei allen und verließ das Krankenhaus. Wie die Geschichte zwischen ihm

und seiner späteren Frau Ingrid weiterging, davon weiß man nur: Sie verlief sehr leidenschaftlich und auf ihre Art was sie eine schöne Beziehung zwischen einem Mann und einer Frau.

MEIN ZIMMERCHEN

Ich lebe in einer kleinen Wohnung und das alleine. Wenn ich fortgehe in andere, größere Räume und auf andere größere Plätze, dann denke ich manchmal ein wenig rührselig an das Zimmerchen, in dem ich mein Leben verbringe. Dann kommt es mir vor, als wäre es noch viel kleiner, als es tatsächlich ist und zuweilen auch ein wenig finsterer. Ich stelle mir vor, wie ich mich mühen muss, zwischen den Türpfosten hineinzukommen, ja die Schwelle der Türe ist wie eine hügelige Unebenheit, durch das ich nur halbgebückt Einlas fände. Wenn ich dann wieder zu hause bin, gehe ich einige Schritte, um mich zu versichern, dass nicht alles so schlimm ist, wie es mir in der Einbildung vorkam. Nicht selten merke ich, wie ich meine Wohnung lieb gewinne und mir sage: Genau hier ist der richtige Ort für dich. Und dazu kommt: Überall gibt es Verbindungen nach außen: der Fernseher, der Computer mit Internetanschluss, die Heizungsrohre meines Ölofens und nicht zuletzt das kleine Fenster, vor dem ich mich oftmals hinsetze und die Welt da draußen betrachte: die Bäume, die im Wind ihre Blätter lustig springen lassen, die gegenüberliegenden Häuser, in denen da und dort sich ein menschlicher Kopf hinausreckt und das Licht, dass über die Dächer streift und durch die Dachrinnen schneidige Schattenfiguren auf die Fassaden wirft. Ich sage mir: du bist nicht reich. Aber du hast Augen, die sehen, Ohren die hören und Sinne, die dich zur Berührung veranlassen. Hie und da sitze ich in meinem Schaukelstuhl, und denke daran, wie es wäre eine größere Wohnung zu besitzen, wo man mit der Pfeife in der Hand von einem Ort zum anderen gleichsam hin-und herspaziert, Gedankenversunken, und sich vorkommt wie ein Schlossherr. Und könnte es nicht sein, dass man doch einmal – wie eine Pflanze im Topf – hinauswächst aus den natürlichen Bedingungen, und sich gleichsam selbst an der Hand nehmend, seinen Wohnort wechselt. Könnte sein. Doch zurzeit steht solches noch nicht an. Stattdessen richte ich mich dort ein, wo ich bin, gehe zum Hofer einkaufen und suche mir diese oder jene Erleichterung in den Dingen des Lebens zu verschaffen. Wer weiß: Vielleicht kommt der Südwind und verzaubert mein Kämmerchen mit den vielen Sachen darin in einen Palast, wo sich Menschen begegnen und Feste feiern. Vielleicht.

DAS *ANDERE* WIEN

So groß ist diese Stadt, so groß, dass man in sie eintaucht, wie in ein Meer. Wie man in einen lebendigen Körper eindringt, so weist schon die Oberfläche auf eine pulsierende Mitte. An den entferntesten Winkeln, der Peripherie Wiens, weiß man diese Stadt schon zu deuten, zu schmecken, die Sprache der Menschen, der Gestus der Architektur, die Gerüche und vor allem die Winde, die durch die Straßen und über die Plätze ziehen.

Ist Wien anders?

Oder sagt es über sich nur aus, was seine Sehnsucht zu sein scheint: `Nicht so oder so, sondern anders sein´, ist sein Wunsch. Aber was ist das Andere, Andersartige, Un-Normale, was diese Stadt auszeichnet? Oder will man damit sagen, es gibt da etwas, was Wien nicht sein will: Ein Ungetüm an Größe, ein belangloser Punkt auf der Landkarte, ein in sich Verschlossenes, ein nicht mehr nach allen Seiten Ausströmendes, kurzum ein Kaff, von dem man weiß, was eh schon alle wissen: Es hat keine Geschichten, keine Erzähler mehr – denn die sind schon lange gestorben.

Es mag das der Grund sein, warum Wien seine Schätze hervorholt: Die Kaisergruft, die Kirchen, die alten Synagogen, die Kunst, die Musik und Literatur, die Gassen und reich verzierten Gebäude, die in Reih und Glied dastehen, als wollten sie eine Parade abgeben, die verschiedenen Kulturen in ihrer Mitte, die sich nichts anmerken lassen, von der Fremdartigkeit ihrer Herkunft, die Cafes und Gasthäuser, die kleinen Organismen gleich ein Leben entfachen ,das einlädt zu verweilen, sodass man den Gestus der Stadt mitnimmt an alle seine Orte.

Ich sitze in einem Wirtshaus, dem `Reinthaler´, gleich neben dem berühmte Cafe Havelka. Die meisten Besucher haben im Freien Platz genommen, ich hingegen – um ein wenig der Hitze des Tages zu entkommen - gehen ins Innere des Lokals. Auf der Schwelle zum Eingang kommt mir schon die Wirtsfrau entgegen und grinst mich an. Die Stube, die dem Standard eines typischen österreichischen Gasthauses entspricht, alles aus solidem Holz, eher dunkel anmutend, die Theke, an der die Speisen kurz hingestellt werden, noch dampfend und geschmackvoll anzusehen, ist mir hier ein Ort der Ruhe von meinen vielen Besichtigungen. Ich bestelle einen gebackenen Leberkäs und Salat, statt der üblichen Kartoffel. Der Kellner schwingt sich wie im Tanz durch das Lokal, wobei er hie und da ein Wort im wienerischen Dialekt verstreut, um seine Gäste auch akustisch zu verwöhnen. Man hat das Gefühl, das alles wie am Schnürchen läuft: Die Bestellungen, der traumwandlerische Gang des Kellners und seine kurzen Winke an das Küchenpersonal, die zeitweise hinter einer Durchreiche hervorgucken. Ich höre zu. Der Koch: `Für den Herrn nicht Kartoffel, sondern gemischten Salat´. Danach bringt der Kellner mit einer schwungvollen Armbewegung die Speisekarte zum Nebentisch: `Was hättnsn gern?´ Von der Küche zum Kellner bis zum Gast (und wieder zurück) spannt sich ein Geschehen, das theaterreif wäre. Alles erscheint mir wie in Spannung, nicht unangenehm, sondern eingeübt. Ich sitze da und beobachte. Ich bestelle noch ein Bier und bemerke, wie sich bis zur Ausführung meines Wunsches noch einige andere Dinge dazwischen schieben. Das und jenes werden noch getan, aber immer so als wäre man selbst der wichtigste Gast. Um mir die Zeit nicht zu lange werden zu lassen, lächelt mich der Kellner kurz an. Plötzlich kratzt er die Kurve hinter die Theke und bringt mir das Bestellte. Ich trinke und esse und spüre schon den Alkohol im Blut. Ich verlasse schließlich das Lokal und bin wieder wie verjüngt ein Besucher der Stadt.

Wenn Wien anders ist: Wem will es dann imponieren, wem will es gefallen? Den Bewohnern, den Besuchern, den Politikern, den Kirchenmännern, der Welt? Und an wen will es sich ausrichten, nach wem streckt es sich aus, um neue Kraft zu bekommen, um sich zu regenerieren? Sind es etwa andere Städte, ist es die Kunst, ist es seine Vergangenheit, ist es Gott?

Seitenstettengasse. Berühmteste Synagoge der Stadt. Als ich die Tür zur Eingangshalle öffnete, stand da schon ein Wachbeamter in Zivil. Vor mir jedoch begehrte noch jemand Einlass und so musste ich wieder zurück auf die Gasse. Seltsam, dachte ich mir und fühlte mich gemaßregelt. Nach einiger Zeit jedoch war es dann soweit: Ich wurde aufgefordert das Haus zu betreten und meinen Pass vorzuzeigen. In einer Kabine saß hinter einer Glasscheibe ein zweiter Mann schwer in seinem Sessel und kontrollierte das Geschehen. Schließlich kam es zur Leibesvisitation, ähnlich jener bei Flugreisen. `Sie müssen verstehen, reine Routinesache´, so der Wachbeamte. Man gewann den Eindruck, als handle es sich um einen hochoffiziellen Akt, so als betrete man ein Stück Fremdland. Nichts war noch zu merken von einer religiösen Atmosphäre, nichts von einem heiligem Orte. Und auch im nach hinein musste ich mir sagen: Die Religion der Juden ist umrankt von einer Strenge, die unser eins mehr an militärische Ordnung, als an festliches Ausgelassensein erinnert. Nichts desto Trotz ging ich weiter, in eine Art Wartesaal, wo sich schon verschiedenstes Publikum eingefunden hatte. Unser Führer, ein junger Mann um die Zwanzig, leitete die Gruppe schließlich durch die Synagoge. Er hatte eine merklich züchtige und doch abgeklärte Art in seinem Vortrag, besonders, wenn er das auf Deutsch Gesagte ins Englische übersetzte. Ich dachte mir: Da steht nun ein richtiger Jude vor dir, der Tag für Tag hier betet und studiert. Die Luft, die man hier atmete, war schwanger von Tradition und Geistigkeit. Ist doch die Geschichte des Volkes Israel eine uralte und würdevolle, reich an Gotteserfahrungen und dem Ringen, um die Gesetzgebung. Das dunkle Holz der Bänke, auf denen verschiedene Namen standen (auf Metalltäfelchen geschrieben), ganz vorne eine Art Ambo, auf dem beim Gottesdienst die Thora lag, das `ewige Licht´, das von der Decke hing (und an katholische Kirchen erinnerte), die Säulen, die im Rundbogen die Galerie stützten, der erste Stock für Männer gedacht, der zweite für Frauen – alles das weist auf den Eifer der Gläubigen hin. Im Vorraum zur Synagoge war auch ein Mahnmal errichtet worden, zu Ehren der 65 tausend ermordeten österreichischen Juden. Alle ihre

Namen waren auf drei schwarzen Platten eingraviert. Wir, die Gruppe von Besuchern, standen am Ende der Führung davor, still und unbeweglich, wie Kerzenleuchter. Nur der Führer blickte immer noch gleich entschieden und dienstbeflissen drein, so als wollte er uns bedeuten: `Dieses gehört zu uns, wie die Thora und die Bundeslade. Was wir zu erleiden hatten – Gott weiß es´!

Und die katholische Seite?

Kapuzinergruft, einer Wegemarke habsburgerischen Bestattungskunst. Was zieht hier den Besucher so an, dass man in die Tiefe steigt, um sich dies anzusehen. Die Liaison von weltlicher Herrschaft und Religion? Die Darstellung eines Kultes der Gebeine? Oder sind es einfach die Geschichten, die man sich von den Toten erzählt, die herumkursieren, ob wahr oder nicht, die, wie Stimmen aus einer fernen Vergangenheit, den Geist des Besuchers mit schweren Ahnungen erfüllen. Aber die Toten reden nicht. Sie huschen zuweilen nur vorüber, vor dem inneren Angesicht, wenn man die Abbildungen auf den eisernen Särgen schon längst gesehen hat. Ich gebe einer Eingebung nach, als Lebendiger – in dieser Atmosphäre der Beklommenheit – ein leichtes Wort zu verlieren, eine lockere flüchtige Geste zu zeigen und mich unwillkürlich meines Daseins hier auf Erden zu erfreuen. Na, ja…aber, warum eigentlich nicht? fragte ich mich. Der sommerliche Schweiß steht mir noch auf der Stirn, als mich solche Regungen befallen. Und erst jetzt kommt so etwas wie eine intellektuelle Interessiertheit auf und ich beginne die Sarkophage genauer zu inspizieren. Einige sind reich beladen mit christlich-katholischer Symbolik, wie jene der Kaiserin Maria Theresia und ihres Mannes Franz Stephan von Lothringen, andere wiederum sind schlicht und einfach gehalten, jedoch nicht ohne Würde; dies um so mehr, als man die Nüchternheit mit einer gewissen Selbsteinsicht und Menschenkenntnis identifiziert: Das letzte Hemd hat keine Taschen. Der Gang der Gruft – der neuerdings renoviert wurde – führt schließlich zu einer Unzahl von weniger aufwendigen Särgen zugehöriger Adelspersonen. Auch Kindersärge finden sich überall. Alle wurden sie hier bestattet, groß und

klein und man bekommt den Eindruck, als sei ihnen nichtswichtiger ge-
wesen, um so den Nachruhm zu erhalten...als wären ihre Seelen – samt
den Särgen – auf Erden festgehalten. Das macht auch das Ganze etwas
düster und irgendwie gnadenlos. Aber man soll sich davon nicht irritie-
ren lassen, denn – wie es heißt: letztlich zählt nur der gelebte Glaube, um
das ewige Heil zu erlangen. Als ich die Gruft wieder verließ, kommen
Wärme und Vertrauen zurück, trotz der Tatsache, an mein eigenes
Schicksal erinnert worden zu sein.

*Das andere Wien, einmal Zentrum der habsburgerischen Monarchie,
ist heute eine Stadt, die einen postmodernen Touch bekommen hat. Was
wird sie in Zukunft sein?*

Ein Besuch in Wien, abgerundet mit einem Opernbesuch – klingt
doch interessant oder etwa nicht? Im Eilschritt zum Kartenbüro... nach
einer billigen Karte gefragt... eine für die hintersten Ränge, eine ganz
im obersten Stock, eine für ein schmales Geldbörserl - wenn es sein darf!
Die Dame hinter dem Verkaufstisch belehrt mich noch schnell über die
Sitzanordnung: „Sie sitzen hier!" – wobei sie mir ein Programmheft mit
einem detaillierten Übersichtsplan der ganzen Oper unter die Nase hält.
Ich willige ein und nehme stolz das schöne Billet entgegen: THEATER
AN WIEN – ‚FLAMMEN', MUSIK VON ERWIN SCHULHOF, LIB-
RETTO VON MAX BROD. Wien, du Stadt der Dramaturgie, des Schau-
spiels, der Inszenierung - scherze ich ein wenig. Am Abend ist es dann
soweit. Im mittelmäßig seriösen Outfit erscheine ich vor dem Eingang
der Oper, wo schon Grüppchen von Gästen eine flirrende Atmosphäre
erwarten lassen. Es wird geraucht und getrunken und geplaudert. Ich tau-
che ein in die abendliche Gesellschaft und bin - von außen nach innen
verlaufend – schon Teil der Menge. Eines ist klar: Obwohl ich als Salz-
burger von steirischer Abstammung mit den wienerischen Umgangsar-
ten nicht vollends vertraut bin, lasse ich mich nicht unterkriegen. Ich be-
obachte kurz die Anwesenden und tue so, als ob ich dazugehöre, wohl-
wissend, dass man als Einzelner den `sozialen´ Genuss so einer Veran-

staltung niemals ganz auskosten kann. Nach einigen logistischen Problemen – ich finde meinen Platz– werde ich schließlich von einem Mitarbeiter des Theaters aufgeklärt: „Sie sitzen hier!" Verdruss kommt auf, denn der Platz war übler als mitgeteilt. Mit verschmitztem Gesicht blicke ich meine Nachbarin rechter Hand an und – nachdem die Oper begonnen hat und die Lichter ausgeschaltet wurden – schwinge ich mich linker Hand auf einen Nebensessel, der mir eine bessere Sicht verheißt. Man muss sich vorstellen: Ich bin in der dritten Etage dieses altertümlichen Festspielhauses und muss mich über eine eiserne Haltestange in die Tiefe beugen, gleichsam aus einer Vogelflugperspektive. Dem ungeachtet: Die Aufführung beginnt. Im Einzelnen von der Aufführung zu berichten wäre zu aufwendig; in jedem Fall handelt es sich um das Thema des erfolglosen Liebhaber Don Juan, der in den verschiedensten Variationen seine Abenteuer vor den Augen des Publikums entfaltet. Alles endet immer in einem absurden Scheitern; das ganze durch Musik und Sprache mit einem neugeistigen Touch versehen. Das Bühnenbild hingegen ist gut, wenn nicht zu sagen genial, denn man bekommt den Eindruck, als liefen die einzelnen Szenen, wie in einem Traum ab, reich an Lichteffekten und Darstellungskunst. Wichtiger ist aber, so denke ich mir: Dabei zu sein und die Atmosphäre des Opernbesuchs an sich zu genießen, denn letztlich geht es ja darum, neue Räume zu erschließen, andern Menschen zu begegnen und um die Dankbarkeit für alles Erlebte.

Diese Stadt - da am Rande Österreichs – ist eine, die dennoch am Puls der Zeit liegt. Sie könnte Selbstgenügsamkeit üben, ob ihrer Vielfalt. Und wer nie in Wien war, könnte die Meinung vertreten: `Von dir, Wien habe ich nicht viel´. Du bist so fern und rätselhaft. Du hast dereinst dein Kräfte gesammelt, dann vergeudet und schließlich, ob deiner Größe die Macht an dich gerissen. Aber warte nur ab: Ich komme... und werde trinken von deiner Mutterbrust und werde versinken im Schlaf deiner Wonnen.

HIOB, DER VERACHTETE

Sag Ja, auch wenn du Nein sagen solltest, denn das Schicksal schneidet dir eine tiefe Wunde ins Fleisch. Eine unauslöschliche Wunde, so scheint es. Es will dich in deiner gerechten Absicht zur Hölle jagen. Es will dich ausradieren aus dem Buch der Lebenden. Und du weißt es.

Fragt sich, was dass soll. Er kriecht nur noch, wird getuschelt. Ein verzweifeltes Gehen ist das, den ganzen Tag. Nichts sehe ich außer dem, was vor meinen Augen ist. Mein Kopf hat keine Visionen mehr, keine Gedanken, die ein Morgen oder ein Besseres vorstellen könnten. Bin wie in einen Käfig eingesperrt, wo immer ich bin und was immer ich tue. Ich hole mir ein paar Haselnüsse, die auf den Wegrand geflogen sind. Zu Hause brate ich sie in einer Pfanne. Sie schmecken bitter. Aber ich habe nichts mehr zu essen. Nur noch alten Kaffee, ohne Milch und Zucker und ein paar bitter schmeckende Haselnüsse. Neben mir ein Mobiliar, ein Sessel, der stinkt nach Pisse. Ich schwanke im Kopf zwischen dem Mahl und meinen inneren Anfechtungen. Die Anfechtungen siegen. Alles ist irgendwie zerschnitten, mein Körper ist eine einzige Mördergrube von inneren Anfechtungen. Sie lassen nicht nach bis zur völligen Erschöpfung. Stehe ich dann auf, weiß ich im Voraus, dass ich einen Kampf auszutragen habe. Stundenlang stehe ich da. Der Kampf ist zu führen gegen Stimmen die mir übel zusetzen. `Verreck´schreien sie unaufhörlich. Oder innere Bilder schneiden Grimassen. Oder eine Stimme schmeichelt: `Wie schön siehst du aus, bist ganz gut für deine Nachbarin´. Ich stehe da. Ich kämpfe schwach dagegen an. Ich reibe am Körper. Manche Stellen im Gesicht sind schon offen. Ich weiß ich werde nicht siegen. Ich weiß, ich werde mich nicht verändern. Das ist es, was mich niederwirft. Das ist es, was mir jede Hoffnung raubt. Ich suche innerlich Hilfe, von einem Starken, einem Oberst, Engel. Dann gibt es eine Pause. Schließlich – wie der Wind, der in einen Sandhaufen bläst – ist nichts mehr da.

Die Stimmen verhöhnen mich, ob der Gelegenheiten, die ich zu meiner Rettung ergreifen wollte. Ich werde wieder niedergerungen. Ich reibe wieder. Alles beginnt von vorne. Stundenlang.

Du siehst zu, wie das lebendige Fleisch auseinanderklafft. Du betrachtest dich selbst in deinem Geiste, der immer noch Bestand hat. Du siehst dich an, wie dir alles genommen wird, nur nicht dieser reflexive Akt, der dein zerbröckelndes Leben mit einer tiefen Neugier betrachtet. Der Geist bricht zuletzt. Nacht des Geistes. Umnachtung.

Ich rauche eine Zigarette und harre der Dinge. Was soll ich tun? Wie entkomme ich diesem Zustand. Ziehe den letzten Zug aus der Zigarette und alles Fragen war umsonst. `Es wird sie Schlimmes ereilen…noch eins drauf und noch eins drauf´´ höre ich es im Inneren keifen. Die Moral von der Geschicht', denk ich mir: Eine menschliche Regung, ein Aufhören oder Anfangen wollen und du wirst umso mehr still gelegt. Du kannst tun was du willst, es bleibt dir keine Wahl: Du wirst auf Eis gelegt. In der Nacht gehe ich hinaus ins Freie. Ein Name taucht in meinem Kopf auf; eine Frau, die ich einmal kennen gelernt habe und die ich um Hilfe bitten könnte. Ein Ort taucht in meinem Gehirn auf, wo sie sich vielleicht aufhalten könnte. Alles wird im Gehen zur unbedingten und doch irrwitzigen Notwendigkeit. Ich gehe mitten in der Nacht der Straße entlang, kilometerweit. Der Gedanke, dass ein Suchen zwecklos ist, taucht auf, wie ein kurzes Licht. Nach weiteren Schritten ist es weg. Es ist finster. Ich suche und weiß nicht wo. Ich gehe und weiß nicht wozu. Ich ermatte im Gehen. Ich schleppe mich voran. In einer eiskalten Winternacht. Wenn ich zurückkomme – und das weiß ich jetzt bereits – erwartet mich wieder das Grauen. Nichts tun. Nichts haben, Nichts sein. Alles liegt im Schmutz.

Du weißt auch dein Hadern und Flehen um Gnade verpufft.

Mir ist, als sehe ich niemand mehr, der mir vertraut. Auch mein Vater und meine Mutter sind es fortan nicht mehr. Ich sehe sie nicht, obwohl vor ihnen stehend. Ich spreche sie nicht, obwohl ich das Leid kundgebe. Ich merke nur: Sie können nicht. Oder sie wollen nicht. Oder sie sind meiner überdrüssig. Wenn ich fortgehe, weiß ich: Dein Hadern und Flehen ist verpufft. Und sonst? Mir ist, als sehe ich niemand mehr, dem ich mich offenbaren könnte. All die fremden Menschen gehen an mir vorüber. Gut gekleidet, mit dem Blick geradeaus. Zur Arbeit oder nur Spazieren. Nur ich bin einer, der vom Leben abgeschnitten, der nicht mehr gerichtet ist nach einer Tätigkeit, nach einem Menschen, ja nach Gott. Im Gebet bin ich wie einer, der Ausschau hält, ohne Hoffnung auf Erfüllung.

Und dann: Bin wieder stumm und blicke in die Leere meines Inneren. Bin wie eine schiffbrüchige Monade ohne Fenster. Gehe herum und weiß nicht wohin. Folge wie ein Hund den Zeichen am Boden. Eine schiffe Asphaltplatte, ein Zebrastreifen, ein Geländer am Wegesrand. Alles wird zum Zeichen. Hier auf der Straße ist mein Kosmos eingefangen und ich lese bedeutende Dinge darin. Alles Unfug? Nein doch, wähne ich, alles so bedeutsam. Mein Körper lechzt nach diesen Zeichen. Wenn meine Augen etwas sehen, dann fangen die Gefühle an in mir zu arbeiten. Zumeist triste Gefühle. Und mein Geist verliert sich darin wie in einem Sog.

Zurück bleibt dir dein Körper, der dich nicht mehr kennt, so wie du ihn nicht mehr kennst. Dein Geist klammert sich an die Einsamkeit, die dir vertraut geworden ist. Wenn dir einer gut zuredet, bist du wie ein Geschlagener. Du kannst deinen Nächsten nicht verstehen. Du tust nur so `als ob´. Wenn dir einer Arges will, kannst Du es nicht mehr einordnen und dich dem Angriff entziehen.

Ich bin am Ende. Zwei Mitbewohner des Hauses, in dem ich wohne, sind nahe dran mich zu verprügeln. Sie sehen mich als einen, der zu schwach ist, um sich zu wehren, dem das Unglück jetzt nahe ist. Denn Unglück gebührt Verachtung, so meint der Sichere. Sie nehmen mich als einen wahr, der krank ist vor Schmerzen und vor Gram. Sie verprügeln mich. Der eine mit einem Holzschlapfen. Der andere mit zwei Weideruten. Ich suche Hilfe, aber es ist keiner da. Alle verbergen sich in ihren Zimmern. Alle tun sie so, als wäre das ganz normal. Ich verliere buchstäblich die Nerven. Kein Freund, kein Bekannter, der mir zur Seite steht. Ich verschließe die Tür und lege mich nieder. Ein Zucken durchfährt meinen Körper, sobald ich erwache, die Zähne schlagen unwillkürlich aufeinander. Ich erwache in Schrecken und schlafe ein in Sorge. Nichts ist mehr heil.

Die eigentliche Hürde ist: Du musst deinen Stolz und deine Würde fahren lassen. Du musst dich benehmen, wie ein kleines Kind, dass nicht mehr weiter weiß. Du musst bereit sein, dir diese Würde und diesen Stolz anderswo wieder geben zu lassen. Das heißt: An der Hand dessen, der dir aus dem Elend hilft, findest du nur jene Hilfe, die – wenn man noch ein Stückchen wachen Geist in sich findet – schwankt zwischen Befehl und Mitleid. Diese Mischung musst du dir genehm sein lassen, damit du je wieder Boden unter den Füßen bekommst.

„Da antwortet der Herr dem Hiob aus dem Wettersturm und sprach: Wo warst du, als ich die Erde gegründet? Sag es denn, wenn du Bescheid weißt." „Mit dem Allmächtigen will der Tadler rechten. Der Gott anklagt, antworte drauf!

Da antwortet Hiob, dem Herrn und sprach: Siehe ich bin zu gering. Was kann ich dir erwidern. Ich lege meine Hand auf meinen Mund.

DER SPIELBERGER HOF

Was der Hof zu sagen hätte, gebe man ihm eine Sprache, wäre vor allem dies: Ich bin ein wenig ein altes Mauerwerk, denn meine Erbauer haben Stein um Stein gelegt und mich mit Lehm befestigt. Ein wenig zieht es schon durchs ganze Gebäude, so der Besitzer, wenn nur eine der Türen nach draußen offen ist. Er ist, wie gesagt, schon betagt, der Hof. Aber das macht seinen Charme aus. Viele, die den Lichtenberg hinaufgehen oder mit dem Mountainbike erstürmen, sind dann Gäste am Hof geworden, weil sein Besitzer immer wieder einmal hinausschaut und die Terrasse betritt sobald er draußen was hört.

Na, wie geht's euch? fragt er dann und zieht die lieben Leute ins Gespräch. Und es sind fast nur `liebe Leute´, bis auf einige wenige, die eher den Sport lieben als den Mann des Hauses kennen zu lernen.

Aber dass macht ihm nicht viel, denn innen drinnen im Hof ist eine Atmosphäre, wie vor hundert Jahren, vielleicht weil der gesamte Bau aus Holz ist und das Holz widerstrahlt in die Räume lebendige Geister von Jahrhunderten. Hier wurde dereinst gegessen, gesoffen und stammtischartig über die Politik verhandelt; Karten gespielt und geraucht, weil dass durfte man früher. Heute ist dass anders: Franz, der Besitzer, will die Raucher draußen sehen, die Hungrigen bei einer Trockenwurst und die feisten Reden über die Oberen gar nicht. Aber unkommunikative ist er auf keinen Fall, und die Gastfreundschaft steht hoch geschrieben. Und der alte Hof dankt es ihm, indem er den Gästen ein Geborgensein weitergibt.

Nur im Winter sinken die Temperaturen, den geheizt wird nur in einem kleinen Nebenhaus, das aus dem 18Jh. stammt - und das auch mit Holz und Spännen. Bis auf zwei Grad fällt die Temperatur im großen Gemeinschaftsraum dann. Da kann einem das Grausen kommen, und man verzieht sich gerne ins kleine Nebenhaus und verkriecht sich unter der Bettdecke. Aber dass soll jetzt anders werden, den Franz möchte einen neuen Hof bauen, aus Holz, so wie der bekannte Thoma es sich für seine Häuser ausgedacht hat; der ja, wie Franz noch befügt, in Japan riesen Erfolg hatte und der ein Gebäude nach dem anderen in die Höhe wachsen – das nur nebenbei.

Zur Winterszeit ist der Hof geschlossen. Nur der Wind, der dort oben immer bläst, geht durch die Gemäuer, und man weiß nicht sicher, ob sich nicht dann und wann ein Waldgespenst eingenistet hat. Die totale Einsamkeit ist nicht seine Sache. Denn im Frühjahr steht er wieder da und verzückt seinen Besitzer und die Gäste.

AUFN BERG

Schön war's, ein bisschen wild, wie die Natur ringsum. Sie wächst ins Unermessliche. Doch wer will nicht einmal ausbrechen, aus der Stadt, wo die Menschen sich nur mehr solala kennen, und keine Ahnung haben von den unberührten Orten auf dem Lichtenberg im Mühlviertel, an dem man sich noch die Hand reicht, wo die Gehöfte und Häuser einsam dastehen. Der Oberösterreicher ist einer, der es liebt sein Gemüse selbst anzubauen und der es schätzt, wenn man ihn besucht, in seinem Haus, wo er zwar seine selige Ruhe haben will, wo er aber dann seinen Gast zum Dinner einlädt, wie er es in der Stadt für nur viel Geld erleben kann. Und wie es sich gehört, kommt er gleich, wenn er einen Besuch auf einen der anderen Gehöfte widert. Er erkundigt sich dann leidenschaftlich über alle Neuigkeiten in der Welt. Er redet und wartet ab, er erforscht den Gast, ob der die Wahrheit sagt und natürlich will er ins Politische, aber nicht aufdringlich, sondern solange, bis er seine eigene Meinung im Gegenüber bestätigt sieht.

Mir war es Recht. Ich wollte einige Schnuppertage. Wie lebt man auf dem Lichtenberg, im Mühlviertel, in Oberösterreich. Der Salzburger will es ja klein und fein und möglichst sauber. Auf der Alm (900 Meter über dem Meeresspiegel) läuft einiges anders. Nicht dass man im Vergleich etwas mehr Einsicht bekäme, aber die Unbekümmertheit und das `Lebe, aber Lebe wohl´ ist doch was typisch Mühlviertlerisches. Und das taugt dem Städter aus Salzburg. Dieses Rotznasige: Mich kümmerts nicht; diese anarchische `Lebe wie ich will´. Dabei ist der Oberösterreicher nicht blöd, sondern er hat seine Bildung. Er könnte vieles erzählen und kommt am Abend nicht zu Ende. Dann wird noch getrunken und gegessen und dann, wenn alles gesagt ist, bricht der Alpamensch auf und der Rest folgt ihm nach. `Grüß Gott und Aufwiedersehen´.

Aber meiner Seele tat dies gut, diese Weite auf dem Berg. Und wie man die schöne Landschaft überschaut, so schaut auch die Seele aus nach neuen noch unerforschlichen Gebieten. Vielleicht findet sich doch noch ein Fleckchen, an dem man sein übriges Leben verbringen will, wo man allen Zerstreuungen überdrüssig, sich nur noch den wirklichen Leidenschaften – wie dem Schreiben – hingeben kann. Wo man ungestört sein Geschäft verrichten kann, das geistige, wie das weltliche. Immer und immer wieder muss ich an die Sudelbücher von Lichtenberg denken, der sich in erstaunlich frischer Art über die Sophisten und Scheinlebemenschen lustig gemacht hat. Sie seien wie jene Affen, die sich Mund, Ohren und Augen zuhalten. Die lieben Leute merken es nur nicht. Vielleicht gehört er, der Philosoph sehr gut zu diesen Lichtenberger Gehöften, besonders aber zu jenem, auf der mein Gönner residiert, Franz.

Ein Weltmensch und Nomade in allen Dingen ist er. Besonders liebt er es, asiatische Länder zu bereisen, wenn der Winter hereinbricht, um sich dort in angenehmer Weise mit den dort Angestammten zu vernetzen. Ja, vernetzen ist seine Sache ganz und gar. Auf der ganzen Welt hat er Freunde und Bekannte und alle wollen wissen, wie es dem Herrn vom Lichtenberg wohl ergehe. Dann, wenn er sein Smartphone aufklappt, bleibt kein Anruf unerhört. Sofort wird Kontakt gehalten und große Distanzen überwunden. Und das spürt man bei ihm auch, wenn man mit ihm redet. Er bleibt `verbindlich´, er beleibt neugierig und liebt das Gespräch.

DER RAUMFAHRER

„Habe verstanden, Roger".

Funkstille. In meiner Flugkabine sitze ich, wie ein Kümmeltürk...Die letzte Meldung noch in den Ohren. Vorübergehend sei der Funkverkehr eingestellt, hieß es. Na, gut. Wer weiß schon, wie es mir hier oben ergeht? Der Copilot? Ah ja, der hält jetzt ein Nickerchen... Wow, das unendliche All. Hier ein Stern, da ein Stern, Lichtjahre entfernt. Ich muss schon sagen: Was für ein Gefühl! Und die Erde? Eine Heimat, die man auf einige Zeit verlässt. Ich weiß jetzt, es ist nicht dieses oder jenes Stück Erde, das einem Heimweh verursacht. Nein, es ist der ganze Planet, der blaue Planet. Und natürlich die mir Anvertrauten, die Frau und die Kinder. Was die jetzt wohl denken, wenn sie zum Himmel schauen. Da oben irgendwo ist er, unser Raumfahrer... Ich muss lachen. Nein, nicht lachen - schmunzeln.... Als wär´ ich einer, der sich heimlich und nächtens davongeschlichen hätte, um mit seinem Kumpanen eine Spritztour zu machen... Seltsam, wie es einem plötzlich zum Schicksal wird, alles hinter sich zu lassen. `Liegen und stehen lassen´, wie man sagt. Bin ja richtig `abgezogen´ worden, wie mein Chef sich einmal unserer Familie gegenüber ausdrückt hat. „Ist nichts weiter Schlimmes", hat er meiner Frau gesagt. ..Und nun ist es soweit: Ich bin wirklich im Weltall, ohne Frau und ohne all die Lieben, die ich zuhause ließ. Auf einige Wochen, hieß es offiziell. Und das gerade zur Weihnachtszeit. Ob es jemals ein Wiedersehen gibt? Und was, wenn alles scheitert? Was soll´s? Leben und Sterben, ob im All oder auf der Erde, das müssen wir alle. Ich fürchte mich nicht davor. Verglühen im All, dass stelle ich mir manchmal so vor: Ein kurzer Schmerz und alles ist vorüber... Aber meine Gedanken, wo sind sie hin? ...Natürlich wäre das nicht fatal. Jetzt heißt es erst einmal durchhalten und seinen Mann stehen. Ein Scheitern wäre eine nationale Katastrophe, eine Blamage, nicht nur für uns, auch für die Gesellschaft. Unsere Feinde würden hämisch über uns reden.

Man wird sagen: Wie konnte das nur passieren, wo unsere Weltraumexpedition doch als absolut sicher eingestuft worden war. Alles wurde zigmal oft durchkontrolliert und überprüft. Nun gut. Was ist schon sicher? Sicher ist, dass ich jetzt hier hocke und sinniere... Aber das All, da draußen, einfach wunderbar... Ich spüre Hunger - aber es ist noch nicht zum Essen! Was soll man da sagen? Auf der Erde herrschen überall Hungersnöte, aber Männer, wie wir hier oben, tausenden von Kilometern entfernt, haben genug zu Essen. Es scheint, als gebe es mehr Interesse uns durchzufüttern. Man will wissen, wie die Dinge im All stehen. Man will. Immer wieder höre ich noch sagen: Man will dieses, man will jenes. Und von uns will man Besonderes. Aber wer ist eigentlich dieses `Man´. Und wieso haben nigerianische Kinder nichts zu essen? Manchmal frage ich mich, wie es kommen konnte, dass wir Menschen spezifischen - vielleicht fixen - Ideen soviel Interesse beimessen. Für andere Probleme gibt es nicht mehr als die nüchterne Feststellung, dass es eben so ist. Im einen Fall sagt man sich: Was es auch kostet, uns ist nichts zu teuer! Im anderen: schlechte Nachrichten – wir helfen, aber nur wie wir können. Und doch stehen die Dinge anders: Bei allem Respekt gegenüber dem Raumfahrtprogramm unserer Gesellschaft, frage ich mich dennoch, was wir hier im All eigentlich suchen. Wollten wir den Weltenraum quasi erkunden? Wir uns das gelingen? Das All ist und bleibt letztlich unergründbar, wie es auch die Zeit eigentlich ist. Denn: Wie können wir Anfang und Ende von Zeit und Raum bestimmen. Was hieße es, dass etwas Milliarden Jahre existiert, wo der Mensch nicht älter als vielleicht hundert alt wird. Wie kann man von unbekannten Sonnensystemen und Galaxien in fernen Welten sprechen, wenn man sich der eigenen Körpergröße von eins-achtzig bewusst ist. Man kann, aber nur theoretisch. Oder, man denke an unsere fixe Idee von unbekannten intelligenten Wesen, von Marsmännchen oder weiß der Kuckuck was? Letztlich will ich ja nur eines wissen: `Was ist der Mensch und was ist der Sinn von dem, was existiert´; denn über das Nicht-Existierende braucht man sich ja keine grauen Haare wachsen zu lassen. Ein Philosoph sagte einmal: *Warum existiert etwas und nicht vielmehr nichts?* Und es ließ sich weiterfragen: Wer hat all das ins Sein gebracht, auf das es existiere? Und: Auf welches Ziel hin wurde alles erschaffen? Man sagt uns, unsere Raumfahrt würde uns diesen Fragen ein wenig näher bringen. Mag sein. Aber Tatsache ist, dass genau diese Fragen noch nicht beantwortet werden konnten. Vielleicht weil sie nur von Philosophen oder Theologen so eindringlich gestellt wurden. Die Frage ist also, wer ich bin und was der Sinn meines Daseins – meinem Tode Miteinbegriffen – ist. Andererseits kommt der Einwand, dies seien nur Gedanken und nicht so viel wert, wie man ihnen tatsächlich beimessen sollte. Es sei halt des Menschen geheimes Laster, sich über solche Dinge den Kopf zu zerbrechen. Man solle sich auf die praktische Seite unserer Kommunikationsfähigkeit besinnen, denn wir seien sowieso nur hoch entwickelte Tiere. Alles andere ist nur eine Täuschung, der wir durch unsere sprachlichen Fähigkeiten erlegen sind. Trotzdem kommt mir vor, dass wir genug Geist besitzen, um diese Fragen zumindest in Erwägung zu ziehen. Aber was bedeutet dies dann? Müsste sich der Mensch nicht letztlich eingestehen, dass er sie aus eigener Kraft nicht zu Ende denken kann, also einer definitiven Antwort entbehrte. Eine Schlussfolgerung daraus könnte sein, dass man uns sagt: Warte nur ab und harre aus, eines Tages werden wir dahinter kommen. Unsere Köpfe werden noch viel größer werden, weil größere Gehirne. Unsere Computer werden noch leistungsfähiger, als man sich je hat erträumen können. Oder auch: Es werden noch Menschen kommen, die aufgrund ihrer Weisheit und ihrer Gabe zur höheren Erkenntnis verborgenes Wissen zutage bringen, weil man sie von der Erbmasse der schöpferischsten Menschen der Welt geklont und so zu hochkreative Wesen gezüchtet hat. Sie werden uns zur Erleuchtung unseres Daseins verhelfen. Auch wenn dem so wäre, zweifle ich daran, dass wir in der Frage nach dem Sinn unseres Lebens und des ganzen Universums weiterkämen. Doch gesetzt der Fall, wir würden einen schönen Tages dahinter kommen. Wir wären in Besitz eines Wissens, das uns restlos unser Dasein erklären würde. Was hätte dies für Konsequenzen? Wir würden sein wie Gott. Wir würden – zumindest eine Lebenszeit lang - erkennen und leben wie Gott. Dennoch bleibt zu fragen, ob unsere Welt insgesamt besser würde. Hätten wir noch die Kraft weiterzuleben? Würde uns nicht klar werden, wie abgründig böse wir in vergangenen Tagen gelebt haben, bei all den Kriegen und Missetaten, die der Mensch verübt hatte. Und würde uns nicht auch die Zukunft so viel an Energie abverlangen, dass wir nicht sicher wären, ob besser schon tot als lebendig. Wären wir im Besitz der Wahrheit, wir hätten ja nicht mehr zu suchen, nicht mehr zu forschen und hätten keine Sehnsucht mehr nach dem Leben. Vermutlich würden wir entweder träge und faul werden und ohne Kraft zum Leben. Oder wir würden – und dies scheint mir noch gewisser – die ganze Sache buchstäblich vergessen, würden einfach wieder von vorn anfangen, würden schließlich wieder daran zweifeln, jemals im Besitz ewigen Wissens gewesen zu sein... Würden wieder Kriege führen, würden die Menschheit missachten... Vielleicht ist das auch der Grund, warum wir zu den ewigen Dingen nur über den Glauben Zugang haben. Der Glaube wiederum will die Sehnsucht des Menschen entfachen, er verlangt dem Menschen das Suchen ab, - das Suchen nach mehr Authenzität, - und letztlich: die Liebe. So kommt es mir nicht abwegig vor, würde man auf die Frage nach dem Sinn des Daseins antworten: Es ist die Liebe und nur sie allein, weil gleichsam die oberste Glaubenseinsicht, die der Mensch je erreichen kann. Aber Liebe ist nicht nur was wir gemeiniglich als Zugeneigtheit zwischen Menschen verstehen; sie ist ein Kampf, ein Kampf gegen die Mächte des Bösen und der Unterwelt, gegen Verachtung und Unfriede. Wer liebt, muss sich selbst in seinem Unfrieden besiegen, um den Frieden, der aus dem Göttlichen gleichsam ausfließt, ins sich zu mehren. Mittel dafür sind: Verzeihung, Mildtätigkeit, Selbstbeherrschung und Demut [und all die anderen Tugenden].

Du meine Güte! der Funkkontakt ist wieder hergestellt. Ich bin außer mir vor lauter Nachdenken. Ich sollte mich zurückmelden. Wenn die wüssten, was mir hier oben alles so einfällt. Vermutlich würden sie mich zum mentalen Trainer unserer Weltraumeckspetition machen. Weiß Gott! Vielleicht hören sie mich jetzt.

„XZ kommen. Bin wieder auf Leitung..."

LETZTE DINGE

Es ist in deiner Hand gelegen. Anfang und Ende. Teil und Ganzes. Innen und Außen. Zeit und Raum. Es ist in deiner Hand gelegen. Nur öffnen, öffnen darfst du es noch nicht. Willst du es öffnen, so weißt du nicht weiter, denn am Ende begegnet dir ein Letztes, ein Undurchdringliches: Es zieht dich in seinen Bann. Es ist in deiner Hand gelegen, das letzte Ding, von dem du nicht sicher weißt, was es für dich bedeutet. Es ist nur da, formvollendet. Wenngleich du versucht bist es zu erforschen: Es bleibt doch nur ein Zeichen, das dir vorliegt, von dem du jetzt noch nicht weißt, was es ist, was es dir sagen will.... wenngleich dich seine Schönheit und Vollkommenheit, seine Fremdartigkeit, seine Schlichtheit und zugleich Fürchterlichkeit, fasziniert – wankst du nun hin und her, ob du es vor anderen nicht lieber verbirgst und geheim hältst. Du sagst dir: Vielleicht kommt der Tag... die Stunde...der Ort des Verstehens, der tieferen Einsicht. Es ist in deiner Hand gelegen. Du behütest es fortan zärtlich, wie einen Schatz. Deinen Schatz. Deine Chiffre. Dein Rätsel, das du nicht ganz gelöst, das Spiel, das du noch nicht zu Ende gespielt... Deine – wenngleich un-entdeckte – Entdeckung. Denn du kennst die Verantwortung, die dir auferlegt ist, wenn hinter den Zeichen die Wahrheit sichtbar wird. Es ist in deiner Hand gelegen. Und wie immer du dich entscheidest, du wirst schließlich darauf zurückkommen. Es wird sich einmal vor deinen Sinnen aufbreiten und dir den Sinn des Ganzen erschließen, von dem du auch ein Teil bist. Dann kannst du sprechen – vorher ist nur ein Schweigen, oder zumindest ein nur leises, ahnungsvolles Reden möglich.

HEIMAT BIST DU...

Wo ist man daheim? Wo man geboren wurde oder wo man zu sterben wünscht? Ersteres bestätigt meine Vorahnung. Der Verlust einer Heimat durch die Übersiedlung meiner Familie von Graz nach Salzburg – ich war damals ungefähr 10 Jahre alt – erweckt in mir heimatliche Gefühle. Heute glaube ich, mit einer Stecknadel auf dem Globus den winzigen Punkt geographisch bestimmen zu können, der mir Heimat war: Graz, Wetzelsdorf, Grottenhofstraße.

Ich war seit jeher Bewohner der Stadt. Bin ein Stadtmensch und es stört mich so lange nicht, bis ich ein schöneres Idyll – am Lande vielleicht – zu finden beabsichtige. Vorerst bin ich gerne da und dort. In Salzburg angekommen, war es mein Los keine feste Bleibe zu haben; nur die Stadt, dachte ich, kann ich nicht wechseln. Nur die Stadt prägt mich, wie Fußspuren im noch feuchten Asphalt. Ich siedelte einige Male von Nord nach Süd, von West nach Ost. Die Wohnungen waren nicht das, was sie versprachen. Niemals redete ich davon. Man akzeptiert in dieser Stadt keine Widerrede. Wenn man von ihr fortgehen und es anderen gleichtun will, dann muss man darauf gefasst sein, dass der Zorn auf einem liegt, bis man die Szene verlassen und das Band zerschnitten hat, das vielfältig gelegt ist zwischen einem selbst und den Menschen, den Institutionen, den Schauobjekten...

Woher das kommt – das weiß ich nicht. Mozart und Trakl hatten schon zu ihrer Zeit damit zu kämpfen. Vielleicht ist es so: Wer ein Salzburger sein will, muss zum Patron der Stadt werden, muss sie in Schutz nehmen, vor dem Ansturm der... Woanders kennt jeder jeden, die Provinz; hier kennt niemand niemanden... Wer für die Stadt spricht, muss ihr Schutzpatron werden und sich der Obrigkeit fügen. Wenn mich heute jemand fragt, und das geschieht immer wieder, ob ich gerne hier lebe, dann fällt mir eine Antwort schwer, weil das Leiden mit und an dieser Stadt ins Gewicht der Erwägung fällt. Also doch ein Patron? Ich sage dann: Könnte mir auch anderswo eine Existenz vorstellen, an einem Ort, wo man verstanden wird...

Verstehen, dass ist auch so ein Wort... Verstehen, Durchdringen...Aber Salzburg ist nicht Wien, dieses große Ganze, wiewohl schön und durchaus begehrenswert. Wer nach Wien fährt, etwa mit dem Zug, der stößt in die Mitte. Westbahnhof. Wenn der Westbahnhof erreicht ist, nach all den vielen Vororten, dann wird sukzessive das Gemüt lebendig. Man ist in einen lebendigen Körper eingedrungen. Man spürt, am Westbahnhof stehend, das Pulsieren der Stadt.

Nicht so in Salzburg. Niemand kommt so schnell auf die Idee hier einzudringen. Man bewegt sich und tastet sich heran. Denn im Kern ist Salzburg ein Schleusenmonument, das die Enge durch Geschäftigkeit und ein `Kopf hoch!´ kompensiert.

Dennoch: Man muss Salzburg, einfach gesagt, zu verstehen sich bemühen, damit man verstanden wird. So ist es und nicht anders. Wer nicht verstanden hat, wird nur einem Kopfschütteln oder geheimnisvollem Schmunzeln begegnen. Tatsache ist aber auch: ein Verstehen meiner selbst als geistigen Menschen ist hier nur dort möglich, wo Bewohner sich bereits im inneren Exil befinden. Randgruppen. Intellektuelle. Therapeuten. Vielleicht, so könnte man munkeln, ist dies nötig, um überhaupt überleben zu können, um nicht einverleibt zu werden von dem geschäftigen Treiben der Unternehmen, dem Kulturmagnetismus ohne Gnade, wo Salzburg, wie es Bernhard einmal formulierte, nur so gesehen wird, wie die Welt es sieht, als ein tanzendes kokettes Mädchen...

So ist mir der Gedanke an meine Heimat kein unschwerer, ja, im Gegenteil, ein leichter, ein wenig wehmütiger, immer aber ein erfrischender. Es ist wie mit einem Reisen, so wie jemand seine Sachen packt und zu einem guten Freund fährt, einem, der dich kennt und den du kennst; einem, den du vielleicht ganz überraschend besuchst; kurzum: du schleichst dich aus deinem Haus und dort, wo du ankommst, erwartet dich dein Freund, begrüßt dich an der Tür, dieser alten Tür seines Hauses, mit einem Lächeln auf den Lippen und einem unvergesslichen - weil halb müdem und halb freudigem Blick - und führt dich in seine Stube, wo im Herrgottswinkel das Kreuz hängt.

Und Heimat heißt dann: Mit den Menschen sein. Feste feiern. Wo dann die Gäste kommen... Es kommen die Musiker... Es kommt die Catering-Firma... Es kommt der Nachbar von drüben, der immer dabei ist, wenn etwas los ist... Es kommen die Freunde, es kommen die Partylöwen, denen nichts entgeht, es kommen die Paare... Es kommen die Singles, die Schüchternen oder Heimatlosen... Und wir feiern ein Fest.

Ein Fest feiern heißt: sich bereit machen für das Unerwartete, das Neue, vielleicht für das, was du dir schon immer gewünscht hast: Wird es diesmal eintreffen? Das Fest mit den Begegnungen, Blicken, Gerüchen, dem Lachen und Plaudern, Essen und Trinken, Musik und Tanz – all das wird dich bezaubern. Und vielleicht vergisst du dich und lässt dich beschenken.

Und damals, dort in Graz? Es war keine Stätte der Wunschlosigkeit, im Gegenteil, als Kind ist die Sehnsucht am größten; doch es barg einen Kern des Glücks. Zwar ist nicht sicher, ob ich je wieder heimkehre in diese Stadt, geschweige denn dort eine letzte Ruhestätte finde. Wo man die letzte Ruhestätte findet ist genau genommen nicht von Bedeutung für die Ziele eines Menschenlebens. Der Gedanke an den Tod verliert sich – solange man noch Kraft hat – in dem Wunsch produktiv zu sein. Es wird noch eine Zeit kommen, sage ich mir zuweilen, in der du die Gedanken an einen Ort der letzten Ruhe verschwendest ...

DIE SCHÖNE UND DER PHILOSOPH

In einem fernen Land. Eine schöne Frau geht über den Platz. Sie wirkt elegant und erotisch. Sie sieht in einem kurzen, vielleicht unsicheren Moment, in das sich spiegelnde Glas einer Auslage. In einem kurzen Moment wird sie sich ihrer gewahr und schwingt ihr Haar, das in die Stirn herab gefallen ist, zur Seite. Zur linken Seite. In einem Augenblick, kurz, aber intensiv, gibt sie sich einen Ruck, rückt sie sich zurecht, vielleicht so, wie sie es schon abertausende Male getan hat. Aber sie tut dies so, dass - aufgrund ihrer überaus begehrenswerten Erscheinung, die vermutlich jederzeit mit einem Beobachter rechnet – ihre Präsenz etwas durch und durch Dominierendes hat, sie der vollen Aufmerksamkeit meinerseits gewiss sein kann, wohlwissend, dass es sich im Grunde um eine, man muss es ja sagen, eitle Geste handelt. Was bleibt nun zurück, als sie hinter der nächsten Häuserecke verschwindet? Es bleibt zurück der Anblick einer schönen Frau als der innere Eindruck meines spontan, impulsiven Begehrens. Und? Ein etwas unruhiger Geist, dem die Evidenz des Individuellen und Überindividuellen, wie des Schönen auf blitzartige, aber erfrischende Weise aufgegangen ist. Zurück bleibt eine Seele, die – wie gleichsam wesenlos geworden - nach der Reflexion durch das eigene Bewusstsein und einem Spüren des Gegenwärtigen verlangt. Die Lösung des Problems – nämlich dessen, was man salopp Sympathie oder Hingezogenheit nennt, was aber manchmal stark an der eigenen Integrität rüttelt - ist in die Ferne gerückt. Die Mystik des Problems kommt einem gordischen Knoten gleich, den man gerne zerhauen möchte, um dem Rätsel der seelischen Anverwandlung näher zu kommen.

Der Philosoph merkt an, dass dieses Erlebnis, das etwas geheimnisvoll Ergreifendes in sich hatte und einer kurzen Ekstase glich, eine Notiz in seinem Heftchen gebührt. Manche Leser werden ihm vielleicht vorhalten, dass das Geschehen an sich etwas Alltägliches sei, etwas das jedem passieren könne. Jene Leser aber, für die dies geschrieben wurde, die also im Nachspüren der Situation von: DIE SCHÖNE UND DER PHILOSOPH ein Aha-Erlebnis haben werden... für die wird sich die Frage auftun: Sind diese Gedanken, die hier gelesen oder gehört wurden nun die meinen oder noch diejenigen des Autors und er wird sich wundern über das, was im Reich des Geistes nicht alles erlaubt ist, ohne das dadurch an der eigenen Individualität gerüttelt wird. Er wird staunen, dass hier das Einswerden von Geschriebenem oder Gehörtem und aktuellem Denken wie ein Begehrensakt ist, in dem die Identitäten verschwimmen.

Wohlan, zurück zu den Büchern!

DIE FRAGE

Ein Jünger fragte seinen Meister: Meister, unendlich ist der Raum, unendlich die Zeit. Wie aber weiß ich, was das heißt `unendlich´, wenn meine Lebensspanne vielleicht 70 erreicht und meine Körper nicht größer ist als 1 Meter 80 ist? Der Meister schwieg. Nach einiger Zeit aber sagte er: Komm ein andermal und stelle deine Fragen.

Der Jünger ging weg. Beim Heimgang traf er einen anderen Meister und wieder stellte er dieselbe Frage. Der Meister antwortete: Komm ein andermal und stelle deine Frage.

Da wurde der Jünger unruhig und ging in sich. Bei seiner Meditation tauchte er ein in den alleinen Geist. Da begriff er, dass er frei wurde von Raum und Zeit. So ging er daselbst zu seinem Meister zurück, setzte sich neben ihn und meditierte. Und wieder tauchte er ein in den alleinen Geist und sein Lehrer sah ihn und lächelte. Als die Meditation zu Ende war, sprach sein Meister: Willst du deine Frage noch einmal stellen? Nein, nicht noch einmal, sagte der Jünger, denn siehe, ich bin noch voll von der Kraft des Vollkommenen. Da wurde sein Meister traurig. Also, sagte er, hat es dich noch nicht erfasst.

Weiter sprach er: Endliches und Endliches gibt immer wieder nur Endliches. Derart kannst du nicht hinaufsteigen, dahin, wo es kein Maß und keine Zahl gibt. Sondern das unbegreiflich Göttliche steigt in das Endliche herab, wunderbar und ohne, dass wir wüssten wie.

Nur der Geist der Weisheit offenbart dem Menschen, was des Herzens Absicht ist.

WENDE

Endpunkt. Null. Kein weiterkommen. Wer sagt einem, wie es jetzt weitergeht? Es folgt ein Fallen und Wiederaufstehen. Wer nicht mehr aufsteht, der bleibt liegen. Und: Wer liegt, der fällt nicht mehr, aber er geht auch nicht mehr weiter. Er bleibt da, wo er ist, weil er da, wo er ist, keinen Weg findet. Er steht an, er versteinert. Er weiß zwar: Da, wo ich bin, ist kein Ort des Verweilens. Aber ich bin müde. Ich kann mich nicht erheben. Weh´ mir wenn ich aufstehe, dann könnte ich wieder fallen, sind seine Gedanken.

Krise. Ich kreise und kreise um ein Problem. Ich kreise um mich. Immer wieder zeigt es sich, dass an einer bestimmten Stelle meines Lebens meine Weisheit und Kraft zu Ende ist. Etwas `bockt´ sozusagen, etwas verschleiert mir den klaren Blick. Und je mehr ich erzwinge, was nicht zu erzwingen ist, umso mehr fehlt mir ein Handlungsplan. Wer dann noch fragt, was es ist, dass einen aufhält und zu Boden wirft, der ist wie einer, der sich der eigenen Dunkelheit nicht schämt. Die Dunkelheit hat viele Gesichter: Zorn, Ärger, Verzweiflung, Resignation.

Hoffnung. Wer aber nach dem Unbekannten, noch nicht Erlangtem, dem Zukünftigen die Fühler ausstreckt, der verharrt trotz allem in innerer Gleichmut. Wenn er zurückblickt, dann sagt er sich: So ist es! Oder: Das ist mir geschehen! Er gibt sich zu und weiß um die eigene Dunkelheit in ihm, die man so ungern erträgt. Auch will er nicht verschlossen bleiben, denn er sieht, wie die Not ihn drängt `dicht´ zu halten. `Nur ja nichts sagen´, heißt es. Er jedoch wehrt sich gegen die Isolation, er spricht, er betet, er müht sich um die Liebe. Er g e h t - wenngleich nicht zielsicher und in finsterer Nacht. Er behält es sich offen, dass andere ihm helfen;

dass er in einer gnadenvollen Stunde einen Wink erhält: *geh´ so weiter und vertraue…*

Licht. Und immer wieder scheint ein Strahl in die Dunkelheit der Not. Wenn es dann wieder einmal Tag wird und ein Leiden mit Geduld ertragen wurde, weitet sich der Horizont für das, was Mensch-Sein bedeutet. Nicht alles was nach außen hin rein und makellos erscheint, ist es in Wahrheit auch. Und: Nicht alles was schier dahinvegetiert wird abgeschrieben und für verloren erklärt. Und wenngleich es ihn manchmal bangt vor den allzu Gesunden und Tatkräftigen seine Liebe zu den Schwachen zuzugeben: Er gibt nicht auf, denn ein Geheimnis ist in ihm Realität geworden: Die Dankbarkeit.

DIE BIBLIOTHEK

Wer eine Bibliothek sich zulegt, kann dies nur, wenn er – und dies ist so klar, wie die Nasenspitze natürlich nicht rot ist – über eine beträchtliche Anzahl von Büchern verfügt. Auch ist eine Bibliothek etwas, was vom Aussehen einer gewissen Logik folgt: Mindestens ein großes, zentrales Bücherregal ziert den Raum. Dezentrale Archive sind erlaubt. Unerlaubt sind nur dezentrale Regale. Wenn der Leser zum Hauptregal herantritt, dann erfolgt dies - je nach dem ein Suchen nach Bestimmtem oder ein inneres Sammeln der Zweck ist – in aller Stille. Zweiteres erfolgt zumeist in der Absicht ein inneres geistiges Geordnetsein zu erreichen, das der Ordnung der Bibliothek entspricht. Um dabei aber mit beiden Beinen am Boden zu bleiben, empfiehlt es sich, wenn der Boden leichte Knarrgeräusche von sich gibt. Sicher lässt sich da – und das sei jedem Bibliothekar gesagt – irgendetwas machen.

Kurzum, der Leser tritt vor seine Bücher und immer wenn er still steht und mit seinen Augen gustierend die Einbände abfliegt, herrscht Ruhe im Raum. Findet er nicht auf das erste, was er zu finden beabsichtigt, darf der Boden wieder knarren. Ein beruhigendes, ja beschwichtigendes Geräusch, wie wahr! Zuallererst dient solches dazu, dass besagter Leser nicht in Rage gerät in Hinsicht etwa eines misslungenen Eroberungsversuches.

Hat er jedoch ein Buch im Visier, dann zieht er es vorsichtig aus den Bücherreihen und das erste Gebot ist dabei: Den Zustand des Buches zu erkunden. Einband, eventuelle Schäden oder Aussehen im gesamten werden gesichtet. Fortgeschrittene übersehen dies mit einem Blick, um darauf sogleich Titel und Verlag auf eindringlichste zu studieren. Dabei ist es gestattet die erste Seite aufzublättern, wo auch das Erscheinungsjahr und die Herkunft des Buches vermerkt sind. Aber Vorsicht. Ungeduldige möchten JETZT SCHON ein wenig anlesen, was beinahe einem Sakrileg für jeden erfahrenen Bibliothekar gleichkommt. Ein Buch bei und neben der Bibliothek anzulesen hat schwerwiegende Folgen. Nicht abzuschätzen ist der Verlust des Eindrucks, den das Buch dabei macht: :-(Es ist ja gleichsam noch in strenger Verbindung zu den vielen anderen und es kann leicht geschehen, dass es der Leser ein wenig angeekelt vor seinem inneren, dem verkostendem Auge verwirft und zurückstellt. So hüte man sich zunächst davor zu schnell vorzugehen. LIEBER gehe man mit dem Buch zu einem bequemen Stuhl und dort blättere man zunächst so lange, bis der Adlerblick eine interessante Stelle ausfindig gemacht hat, auf die man sich dann mit viel Verve (versteht sich) herabstürzen kann.

Das Papier, sagt man, ist geduldig, es flimmert nicht, wie der Fernseher oder Computer; und die Zeichen darauf sind sinnGELADEN. Bis das Wort Begrifflichkeit wird, ist je von der Belesenheit des Lesers abhängig. Es formt sich sukzessive der innere Sinn und Gehalt und macht, dass der Leser in eine Art Trance gerät. Der Lesetrance. Dabei tritt gewöhnlich alles andere – zuerst die Bibliothek, ja das Buch als Gegenstand selbst – mehr und mehr in den Hintergrund. Geistiges Verkosten könnte man das nennen, was sich ereignet, denn an wirkliche Arbeit an und mit dem Text sollte noch nicht gedacht werden. Zuerst RINNEN ja die Inhalte, wie die Bächlein vom Berge, in einen gemeinsamen Pool zusammen, woraus sich dann die geistigen Gebilde formen. Dieser oder jener Gedanke oder dieses oder jenes Gefühl wird dabei hereingeholt, andere wiederum nach außen hin gewehrt. Der Leser, der gute Leser, macht dann kleine Sinneinheiten daraus, kleine Päckchen so zusagen. Diese werden gestapelt und gleichsam vor dem inneren Auge mit Nummern versehen. Meistens sind es drei, gemäß dem Spruch: Alle guten Dinge sind drei. Wenn er den Text zu Ende gelesen hat, kann er darauf zurückgreifen und sich sagen: dies, das und jenes habe ich mir aus dem Text gesogen und mit einige Ernst werden sie im hinteren Teil des Gehirns abgelegt. Man weiß ja nie, zu was sie einem noch nützen können.

Zu guter Letzt, wenn alles insgesamt als geistiges Erlebnis bzw. Ereignis vom Leser qualifiziert wird, kann das Buch wieder in die Bibliothek zurückgestellt werden. Der Leser kann sich zufrieden geben und zum 5Uhr Tee schreiten. Denn Nachmittages – das sollte man wissen – ist die beste Zeit für geistiges und sonstiges Verkosten.

EIN REQUIEM

Schwer liegt Deine Hand auf meinem Haupt, denn ich muss weinen, über vergangene Tage. Auf meinem Haupt liegt Deine Hand und ich schreie. Damals wusste ich nicht zu wem. Es erfasste mich einfach. Wortlos. Und ich schrie. Weiß ich es denn heute? Welche Gewissheit habe ich denn, dass mich jemand hört? Keine. Und doch gilt mir heute Deine Existenz sicherer, ich glaube Dich zu k e n n e n. Wie man einen Menschen kennt, und doch auch wieder nicht. Wie man die Liebe kennt, und doch auch wieder nicht. Ich weiß, dass der Kummer im Herz - und sei er noch klein – Ohren findet, die ihn hören, vorausgesetzt man gibt nicht nach, seine Unschuld zu beteuern, wie Hiob; vorausgesetzt, dass selbst der schlimmste Verbrecher in den Armen seiner Richter nicht aufhört von dem Glauben an den neuen Anfang zu stammeln. Doch die Antwort? Wie ist es mit ihr? Einer schreit seinen Schmerz heraus und dann wieder: Schweigen. Deine Hand liegt schwer auf meinem Haupt, denn ich höre Dich nicht antworten. Ich bin wie ein Verunglückter, der keine Hilfe erfährt. Heute sagt mir mein Inneres: Es gibt Dich – wie ein Du. Heute glaube ich, dass ich Dir im Verborgenen anvertrauen kann, was ich niemand sagen würde, und wenn, dann anders, sachlicher. Du, der Du *ins Verborgene siehst*…Es begleitet mich Deine Gegenwart, schon allein aufgrund dieses Gedankens. Aber damals? Nur eines weiß ich noch sicher: Ich schrie, ob der himmelschreienden Ungerechtigkeit… Ich wollte nicht zur Ruhe kommen. Es war nicht zu stoppen. Ich ging mit meinem Schmerz schwanger - wenn man dass so sagen darf - ohne zu gebären. Denn ich wusste nichts von Dir. Ich erahnte, ohne zu begreifen. Ich war wie ein Kind, das noch von nicht viel weiß. Aber weiß ich heute mehr? Ich habe erfahren. Ich bemühe mich zu verstehen. Aber bei allem muss ich betonen: Ich lebe mit dem Bewusstsein der Schonung, wenn mich auch Schlimmes traf. Es ist die Schonung des Lebens, der Kreatur, die wenig weiß, vielleicht etwas erahnt, zweifelt, glaubt, fehltritt, wieder gerade geht und so weiter. Damals lebte ich ohne eine solche

Erfahrung, wiewohl ich sie vielleicht gemacht, aber ich suchte etwas anders, weiß Gott, was es war. Vielleicht suchte ich Dich, …doch ich fand Dich nicht…Ich suchte wieder und wieder und wieder…doch brauchte es lange, bis ich einmal erfuhr, dass Du nicht das Ende meines Suchens sein willst, nicht der Anfang, nicht einmal der Weg zum Ziel, sondern das Schweigen, das Ohr, das hört; das Du. In der Unrast war ich ohne Dich. Ich weinte über das himmelschreiende Unrecht, das geschehen war an dem Volk, an den Juden, dem Gottesvolk. Die ‚Ermordung des Gottesvolks', dachte ich einmal später, doch ich verbarg es, dies zu sagen. Ich wollte kein Aufsehen, wiewohl es mich bedrückte. Redner gibt es ja viele, dachte ich, Zeugen, Ankläger, Gegenredner, Fanatiker, Phantasten und eingefleischte Zyniker. Nein, ich wollte es verbergen, immer schon, wollte ja nichts rausposaunen, wollte in meinem Schmerz schweigsam sein. Trotzdem war ich nicht zu Boden geworfen, denn es war keine Not, der ich entrinnen musste. Keine Pein, die einen verloren sein lässt. Dennoch, was mir schwer war: Die Einsamkeit. Ich war allein. Es gab kein Gegenüber und ich frage mich, ob es nicht umso mehr Deine Hand war, die auf mir lag. O´Gott, welche eine himmelschreiende Ungerechtigkeit, sagte ich innerlich. Und das war es dann. Wenn ich heute daran denke, dann erfasst mich der Drang zu schreiben. Wie einen Alptraum, der plötzlich aus gesundem Schlaf über einen hereinfällt, so fiel über mich – das Entsetzen über solche Grausamkeit vergangener Tage... Alle sind wir nicht imstande dem Geschehenen gebührend Ausdruck zu verleihen, die Intellektuellen nicht, die Einfältigen nicht. Nur die wirklichen Opfer sprechen. Sprechen angemessen. Victor Frankl. Der Mann von der Straße.

Ich schreibe es nieder. Ich will mich äußern. Ich weiß, es gibt dieses Du, dem jemand sich anvertrauen kann. Im Du finde ich zum Schreiben, finde ich Worte.

DER SCHUTZENGEL

Als Isabella das Cafe betrat waren ihre Hände feucht. Sie hatte den ganzen langen Weg über vieles nachgedacht und es wollte sich der ersehnte Frieden nicht einstellen, der sie sonst immer kurz vor der Eingangstür des Cafes umfing. Sie war gerne hier. Es war ihr, als ob sie eine Insel betrat, zu der nur Menschen hinkamen, die ihr gegenüber freundlich gesinnt waren. Das genoss sie sehr. ‚Ich will mich ein wenig einnischen', sagte sie einer Bekannten einmal mit seltsamem Unterton.

Diesmal jedoch war sie unruhig, stieß die Tür ein wenig mit den Füßen zurück und schlenderte zu ihrem gewohnten Tisch. Beim Hinsetzen erinnerte sie sich kurz an die Worte, die sie heute von ihren Arbeitskolleginnen gehört hatte: ‚Sie fände wohl nie einen Mann'. Das war was! Inzwischen war sie gegen solche Aussagen immun, aber diesmal traf es sie doch – wie mitten ins Mark.

Isabella ist, nebenbei bemerkt, nicht gerade schön, und immer wenn sie in den Spiegel schaut, dann mit einer Art scheuer Aufregung. Aber sie hat in ihrem Wesen eine liebliche Melodie, die dann erklingt, wenn sie in Bedrängnis zu kommen scheint. Es ist, so könnte man meinen, eine Art Schutzengelchen, das unverbrüchlich, geduldig und in nachsichtig zwingender Weise an das Gewissen der sie umgebenden Personen appelliert: Sie sei doch auch nur ein Mensch, wie jeder andere! Das ist eben so und sie verhielt es sich darüber zu sprechen.

„Wie geht's?" fragte sie die Kellnerin, einer groß gewachsenen dunkelhaarigen Dame, die ihren Kassierbeutel an sich drückte. „Gut, und ihnen, gnädiges Fräulein?" „Ach ja, es könnte besser sein" nuschelt Isabella ihr zu. Es war kein Tag für lange Reden, dachte sie. Nach einiger

Zeit blätterte sie beiläufig in ihrem Adressenbuch. Sie empfand ein wenig Vergnügen dabei Bekannte, Verwandte und Freundinnen zu eruieren und vor sich in Erscheinung zu rufen. Da waren einmal Kurt, dann Eveline, Michael und Mark, Gertraud und Peter. Eine Weile dachte sie daran, daß wohl keiner von den Männern so recht zu ihr passen wollte - wo doch die meisten von ihnen schon in festen Beziehungen lebten.

Auf was kommt es denn an, murmelte sie vor sich her, als auf die – Gegenseitigkeit und auf die Liebe, wobei sie das Wort ‚Liebe' mit übertrieben gestochen scharfer Aussprache betonte. „Frau Ober! noch einen Kaffee" rief sie der groß gewachsenen Kellnerin zu, die mit einem lächelnden Blick ihre Bestellung erwiderte.

Isabella erinnerte sich daran schon einmal in einer ähnlichen Situation gewesen zu sein. Sie war damals in ein Gespräch mit einem Therapeuten verwickelt, ohne dass sie es genau genommen wollte. Der Therapeut, ein netter älterer Herr, der es gut mit den Menschen meinte, obwohl selber von mancherlei Enttäuschungen in seinem Leben geplagt, zeigte sich sehr bemüht um Isabella. Er wollte Isabella eine Weisheit, wie er es nannte, erzählen.

Er hob an mit den Worten: ‚Stellen sie sich vor sie stunden vor einer Leinwand, auf der ein Schattenspiel dargestellt würde. Da ist auf der einen Seite ein Grüppchen von Menschen und ebenso auf der anderen. Als plötzlich eine Klingel ertönt, ging die eine Schar auf der einen Seite Stehenden auf jene anderen zu, begrüßten sie und begannen an zu tanzen. Alle konnten sie ihr Tanzbein schwingen, bis auf einige wenige, die nicht tanzten, weil sie keine Partner fanden. Am Ende als die Musik verstummt war, zog man die Leinwand hoch, und siehe da: viele bekannte Gesichter bekam man zu sehen. Gute Freunde und auch diesen oder jenen, den man nur flüchtig kannte. Und schließlich: Auch sich selbst konnte man sehen, überglücklich getanzt und den richtigen Partner für sich gefunden zu haben. So ist es auch in den wesentlichen Dingen des Lebens; kommt es doch darauf an, zu finden, was einem entspricht, worin man sich gleicht oder ergänzt. Wollte auch die spotten, die sich selbst für schön und begehrenswert halten; sie sind nicht selten jenen gleich, die nicht finden, was zu ihnen passt und die dann doch staunen, wenn sich die Kleinen und Glücklichen freuen.'

Diese Geschichte, so dachte Isabella, war damals ganz nach ihrem Geschmack. Auch heute war sie nicht wirklich allein, hatte einige nette Kolleginnen und auch einen Menschen, der ihr Freund sein könnte, wenn sie sich mehr um ihn kümmerte.

Als Isabella das Cafe verließ, glühten ihr die Ohren, so erhitzt hatte sie sich. Mit einem Umschwung schloss sie die Türe des Cafes und eilte die Straße hinab und sang:

‚Meine Art Liebe zu zeigen
ist einfach zu schweigen,
Worte zerstören,
wo sie nicht hingehören!'

LIEBER FREUND! (BRIEF)

Dies hier sei im Geiste an Dich geschrieben, lieber Freund, da ich den Ort nicht kenne, wo Du Dich aufhältst. Daher eilen meine Gedanken auch nicht nach vorne auf jenes Ereignis zu, jenem Moment, an dem Du dieses Schreiben erhalten könntest. Ich will Dir stattdessen in der Vergangenheit begegnen und greife einen Augenblick heraus, indem nur Worte zwischen uns lagen, wichtige Worte, und keine Länder. Ich erinnere mich. Es war ein Samstag und wir saßen gleich beim Eingang des Cafes. Das Licht war draußen heller und die Flügeltüren waren beide weit geöffnet. Mir schien als hätte die Welt durch diese Türbogen mehr Wirklichkeit als sonst. In diesem Dunkel des Cafes war sie uns - und unseren Gedanken - näher gerückt als sonst.

Da war die Rede von der Strenge und Unerbittlichkeit eines Paulus, den ich gerne wieder in das Alte Testament abgeschoben hätte, und davon, daß man Gefahr läuft, von einem allzu harten Urteil gleichsam gefesselt, wie aus einer Umklammerung sich befreien zu wollen und dann plötzlich, alles zerreißt, dieses ganze Gewebe des Glaubensvertrauens. Und Du darauf: In den Evangelien ist diese Strenge und diese Zerreißprobe noch nicht das letzte Wort, sondern alles wird wieder eingeholt durch...ja, durch was eigentlich?

Es gibt eine Stelle in der Heiligen Schrift, in der sich dieses Umgreifen Gottes sehr schön darstellt, nämlich Lk.18, 24-27: „ Da aber Jesus ihn so sah, sprach er: `Wie schwer gelangen die Reichen in das Reich Gottes hinein! Denn leichter kommt ein Kamel durch ein Nadelöhr hindurch, als ein Reicher in das Reich Gottes hinein´. Da sprachen die Zuhörer: `Wer kann dann noch gerettet werden? ´ Er sprach: `Was unmöglich ist bei Menschen, ist möglich bei Gott´".

Kannst Du Dir vorstellen, wie sie aufatmeten? Jesus holt sie zurück aus ihrem Schrecken, in den sie ahnungslos hineinmarschiert sind. Sein Gedanke ist aber auch schwerwiegend und er führt an Grenzen. Man ist versucht ihn nach hinten hin wieder aufzurollen und sich ihm aufs weitere zu entziehen: *Bin ich den reich?* Sonst aber wird man dazu geführt aus ihm heraus den Sprung zu machen: den Sprung in die Allmacht Gottes, der alles möglich ist. Diese ist es auch, die alles einzuholen vermag.

Vielleicht ist gerade das die Frohbotschaft Gottes an uns, dass uns der Weg zum Glauben und zu immer noch größerem Vertrauen nicht versperrt wird. Es ist der Schritt heraus aus der ängstlichen Umklammerung von allem, das uns irgendwie wichtig geworden ist, sei es an konkreten Dingen, aber auch an geistigen. Wie sehe ich meine Leben, wenn es in der Mitte ins Wanken gerät? Wie wage ich dennoch weiterzugehen, um mich dem ganz Neuen, das ausgesprochen wird, anzuvertrauen, mich einem höheren, größeren Geist mit meinem schwachen Denken anzuschließen? Es ist zunächst ein geistiges Sich-Umkehren das eine Orientierung zur *Umkehr* gibt.

Lieber Freund, ich wünsche Dir und mir, dass uns zur rechten Zeit auch ein Wort, vielleicht auch ein schmerzliches Wort, gesagt wird, sodass wir im christlichen Leben wachsen und nicht stehen bleiben.

DAS KLOSTER

Eigentlich müsste die Geschichte dort beginnen, als Viktor Hehlmann noch ein Student war. Er lebte in einen der üblichen Studentenheime und begann sich für das Mönchsleben zu begeistern. Wohl hatte er gelegentlich den Wunsch ein ganz normales Leben zu führen, zu heiraten, eine Familie zu gründen und einer bürgerlichen Existenz nachzugehen. Aber da gab es ein Problem mit dem weiblichen Geschlecht: Denn es schien, als ob er jedes Mal, wenn er im Begriffe war sich ihm zu nähern, er in eine unsagbare Leere eintauchte, so als könne nie etwas Richtiges daraus werden. Dennoch war Viktor nicht traurig. Er ahnte, dass es nicht sein Schicksal war einer Frau anzuhangen und mit ihr sein Leben zu verbringen.

Als Viktor das Heim verließ und ins Kloster ging waren die Zeiten schwer. Es gab kaum Arbeit und die politische Situation war in vielen Ländern angespannt. Vielerorts auf der Welt führte man Krieg und auch in seinem Land war man erschüttert über die Brutalität, die überall tiefe Wurzel zu schlagen begann. Auch standen die Zeichen nicht gut für ein weltabgeschiedenes Leben, in dem man jede Involvierung in die weltlichen Ereignisse rundum scheute. Denn auch das mönchische Leben war bedroht durch die aggressive Atmosphäre in der die Bürger lebten und zeitweilig brach sogar offene Geringschätzung und Feindseligkeit gegenüber den Mönchen hervor – obwohl die armen Leute selten genau wussten, was sie taten…

In der Stadt lebte nun auch ein gefürchteter Mann, er war der oberste Sekretär des Bürgermeisters. Man munkelte er hätte mehr Macht als der Bürgermeister selbst, weil er stets durch List und mit eiskalter Berechnung seine eigene Politik betrieb. Viele hatten buchstäblich Angst vor ihm, andere wiederum waren ihm devot ergeben. So war es nicht selten der Fall, dass die Ratsherren oftmals seinen Plänen folgten und auch der

Bürgermeister zeigte sich ihm gegenüber sehr nachgiebig. Dieser Sekretär, sein Name war Bovinski – man nannte ihn scherzeshalber auch `Graf Bov´ - war einer jener, der die Stimmung im Volk immer wieder auch gegen die Obrigkeit der Kirche aufbrach und zuweilen konnte man meinen, er hielte auch hier ein zweifelhaftes Zepter in der Hand.

Als nun eines Tages ein Appell durch die Lande ging, man müsse alle einflussreichen Personen in einer wichtigen Sache um Rat fragen, kam man auf die Idee auch von den Mönchen des Klosters, in dem Viktor sich befand, einen Beistand zu erbitten. Doch da der Bürgermeister zu dieser Zeit auf Reisen war, wollte man nun seinen Sekretär schicken. Als die Mönche des Klosters das hörten, waren sie alle erschrocken. Man beteuerte nichts mit den politischen Machenschaften tun zu haben. Dennoch wurde der Besuch von Bovinski unausweichlich. Dieser sträubte sich zunächst ebenso; doch mit der Zeit, als er wieder einen seiner gefürchteten Pläne geschmiedet hatte, sagte er zu.

Als nun der Tag gekommen war an dem der Mann von der Stadtregierung kommen sollte, versteckten sich die Mönche in ihren Zellen und keiner wollte so recht den Besuch empfangen. Sogar der Pförtner schwänzelte hinter der Eingangstüre hin und her, bis er sich schließlich anschickte in die Kirche zu gehen, um dort nach dem Rechten zu sehen. Da hatte der Guardian plötzlich eine Idee, wie er die ganze Sache angehen wollte. Er ließ alle Männer versammeln, Viktor eingeschlossen, und befahl sie in den Andachtsraum zu gehen. Wenn der Gast das Kloster betrat, sollte er sehen, wie sie alle zusammen im Gebet waren und dann sollte sich schon herausstellen, wie man – so dachte er - in diesem Fall verfahren würde können. Lange hörte man nichts, bis schließlich die Klosterglocke läutete. Man öffnete und grüßte den Eintretenden in höflicher Manier. Es war Herr Bovinski, mit schmalem Hut auf dem Kopf und in äußerst fein sauberer Kleidung. Er nickte nur mit seinem Kopf und wie aus alter Gewohnheit wies er mit der Hand weiterzugehen. Man gab ihm bereitwillig nach und führte ihn in den Andachtsraum, der tief unten im Kloster lag. Währenddessen hatten sich die Mönche schon ein

Brevier zurechtgelegt und harrten im schweigenden Gebet der Begegnung entgegen. Auch Viktor, der von der ganzen Sache nicht viel wusste betete inständig um die Hilfe des Allmächtigen. Als Herr Bovinski den Raum betrat, sprangen einige der Anwesenden auf, um ihn einen Platz zu bedeuten. Dieser zunächst ruppig, dann aber doch bereitwillig, setzte sich auf den Stuhl. Doch sobald er saß begann er an zu schwitzen, schrecklich zu schwitzen, und konnte sich von Krämpfen und Zuckungen in Füßen und Händen nicht erwehren. Es war vollkommen still. Er wetzte auf seinem Stuhl hin und her und räusperte sich immer wieder. Sichtlich überrascht von der Andacht der Mönche, war ihm zunehmend seine Situation nicht mehr geheuer. Was soll das bedeuten, murmelte einige Male vor sich her. Daraufhin beteten die Mönche noch inständiger und es schien, dass, je mehr sie sich in ihre Litaneien und Psalmen vertieften, um so mehr sah sich Herr Bovinski nicht mehr im Stand sich zu rühren. Das Schweigen und der Geruch der brennenden Kerzen waren so intensiv, dass er sich schließlich dem freien Lauf der Dinge ergab und ohnmächtig vom Stuhl fiel. Die Mönche waren mit einem Schlage aus ihren Gebeten geholt und jeder versuchte Herrn Bovinski wieder wachzurütteln. Die einen schubsten ihn leicht, andere wiederum sprachen ihm zu, er möge sich doch nicht aufregen und wieder zur Besinnung kommen. Wieder andere hingegen waren eher apathisch und verschränkten ihre Arme vor der Brust. Dann hob man ihn empor und legte ihn auf mehreren zusammengestellten Stühlen. Als Herr Bovinski wieder zu Bewusstsein kam war er kreidebleich. Er streckte seine Hände den Umstehenden entgegen, sie mögen ihm helfen sich aufzurichten. Da trat der Guardian an ihn herantrat, sprach ihm gut zu und half ihm auf.

Von da an, als dem obersten Sekretär solches widerfuhr und sich in der Stadt herumsprach was geschehen war, wurde es ruhiger um die Machenschaften und Feindseligkeiten von Graf `Bov´ und viele dankten es den Mönchen - obzwar diese sich recht eigentlich von jeglicher Einwirkung ihrerseits distanzierten…

Und damit ist diese Geschichte auch schon zu Ende.

EIN NARR MACHT SICH LUSTIG

Wer wollte schon auf mich hören, wenn ich schwätze. Ich schwätze, wie es mir gefällt. Gefallen bin ich schon hundertmal bei den Obersten des Landes, aber sie schimpfen mich nicht und stoßen mich nicht aus. Denn ich bin doch der Narr, sagen sie dann und lachen. Ein Stehaufmännchen ist der, ein Stehaufmännchen, sagen sie. Nur sie wissen es nicht: Im Innersten bin ich doch ein ernster Mensch; nur wie es halt so kommt, hat mir meine Narrheit viel Lob gebracht und so habe ich mich aufs Witze machen verlegt. Früher, als ich noch kein Narr war, da bin ich einmal ernstlich gefallen. Gefallen hat mir das nicht, dass kann ich Ihnen sagen und aufgefallen bin ich halt. Ich wusste nicht mehr ein noch aus. Da habe ich mit viel Glückseligkeit gesagt, ich sei doch ein Narr und habe zu tanzen begonnen. Ja, schwipp di schwapp und in den Hüften wog ich mich, bis ich ganz außer mir war. Da, auf einmal haben sich die finsteren Mienen der Menschen verzogen und sie haben gelacht, richtig gelacht, laut gelacht. Von da an konnte ich, wie ich wollte, immer haben sie gekudert und gekichert. Besonders die Frauen, die kichern. Die kichern nicht nur, die quietschen. Und da habe ich mir selbst gesagt: G´lernt hast nix gscheits, wissn tuast net vü, aso bleibst hoit a noar.´

Lustig, lustig ist das Narrenleben. Wer wollte mir wehren das Scherzen zur Faschingszeit. Ich komme und rede wie mir der Schnabel gewachsen ist. Immer bin ich lustig und habe allerlei Späße auf Lager, besonders unter hoch gebildeten Leuten. Die wollen allesamt nur ernstlich sein. Sie schieben die Brille auf die Nase und faseln und faseln und sind ja so eitel auf ihre Titel; auch mögen sie es nicht, wenn man sich ganz klein und stark macht und ihnen ihre also wichtigen Sprüchlein lächerlich redet. Ganz zittrig werden sie dann und `Weh´ dir´ und `Ach Gott´ spricht aus ihren Gesichtern. Den Studiosi habe ich schon des Öfteren ein Teufelchen ins Hirn gesetzt, dass sie ganz erpicht sind auf Disputation. Aber ich hüpfe ihnen immer wieder davon, wenn sie mich zur Rede zwingen und mache Schabernack. Ja, ja, sage ich ihnen dann, ihr von der intelligenten Sorte, richtet es euch immer ein, wie ihr wollt. Die Worte möget ihr drehen, wie ihr wollt, aber ich lache euch aus, weil ihr doch nichts richtig begreift. Das Leben ist so kunterbunt und ich drehe mich und drehe mich im Kreise, bis euch ganz schwindlig wird. All das Nachdenken und Reden, was hat es euch eingebracht? Zum Schluss seid ihr doch wieder erst am Anfang und stolpert so über eure Unwissenheit. Nur der alte Sokrates konnt´ mir gefallen. Ich weiß, dass ich nichts weiß. Was für ein Ausspruch! Aber ihr, in eurer Beredsamkeit, könnt´ einem wirklich leid tun. Ich bin ja auch nicht von schlechten Eltern und habe einiges an Weisheit mitbekommen. Aber eines weiß ich: Das Lachen – das sei euch gesagt – ist der Weisheit letzter Schluss, und wer noch lachen kann in dieser Welt, der ist ein Kind geblieben und ein fröhliches obendrein...

OBDACH FÜR DIE SEELE

Holzkirche der Kathäuserinnen. Schon bei den ersten Schritten über die abgewetzte Treppe hin zum Eingang der Kirche überkommt mich das Gefühl eines Erwartenden: Hier ist ein Ort der abseits vom geschäftigen Treiben der Welt Stille verheißt. Es gibt zwar auch andere Orte der Ruhe, wie meine kleine Wohnung, wie dieser oder jener Platz in der freien Natur. Aber hier ist die Seele in einer gewissen Aufmerksamkeit und Gespanntheit. Wo, so denke ich mir, wenn nicht hier ist eine Begegnung mit Gott, mit dem unsichtbaren, dem unsterblichen Geist Christi so einladend. Der Berg, auf dem die Klosteranlage gebaut worden war, zeigt sich noch in winterlichem Gewand; hie und da kleine Schneemugel und die immergrünen Bäume rundum wiegen sich im Wind. Ich schaue mich um: Ein Schild, auf dem die Gottesdienstordnung in Kreide geschrieben steht, ein Blick auf eine Heiligenstatue beim Eingang; alles beginnt schon hier heraußen.

Der Weg in die Nähe des Klosters: Es ist schon eine Art Einstimmungs-zeremonie, die die Seele für sich hält, eine Einstimmungszeremonie für die Feierlichkeiten des Tages. Wie könnte man es beschreiben, was sich dabei ereignet? Meine Seele in mir ist ruhig, hier oben am Berg, denn es gibt nichts, was mich mehr abzulenken imstande ist. Beim Eintritt in das Kirchlein ein Gefühl der Erwartung. Ich setze mich auf die hinterste Bank. Ich weiß, in Kürze kommen die Nonnen in ihren weißen Kutten. Der Altar wird hergerichtet. Einige Mitfeiernde betreten den Kirchenraum. Ein Knacksen des schon alt gewordenen Holzbodens ist zu vernehmen. Es mutet einen an, als sei hier die Zeit stehen geblieben, als fände hier eine Feier zu Ehren des Gottes der Christenheit statt, wie schon vor tausenden von Jahren. Dann wieder Stille. Hie und da ein Vogelgezwitscher. Als die Nonnen eintreten, beginnt eine von ihnen an einem Strick zu ziehen und ein hohes Glockengeläut ertönt. Immer wieder wechseln sie sich ab, um die Glocke in Bewegung zu halten, bis schließlich die Feier der Vesper beginnt. Alle sind sie im Chorgestühl angekommen und heben ihre Breviere zu Gesicht. Die Lichter werden eingeschaltet, der Priester kommt herein und es wird gesungen. Ja, es ist ein Gesang – gleich vom ersten Augenblick an – der schöner nicht sein kann. Es sind dies Lieder der alten Kirche, die sie singen, Lieder die auf Anhieb die Seele berühren und sie in Schwingung versetzen. Wir stehen inzwischen aufrecht da und hören gespannt zu. Ich habe plötzlich den Eindruck, als wären meine Sinne nach innen gerichtet. Meine Seele ist wie entzückt und hatte in ihrer Unstetigkeit und Unruhe Frieden gefunden. Es umgibt sie eine unsagbare Milde und Andächtigkeit. Beim Vortrag der Psalmen schließlich lausche ich besonders genau, ja vielleicht gibt es – so mein Gedanke - diesen oder jenen Satz, der in mein eigenes Leben hineinragt, als guter Zuspruch oder als Weisung. Es sind Worte, die nichts beschönigen, Worte von der Härte des Lebens und vom geistlichen Trost, den jene erwarten dürfen, die auf Gott vertrauen: `Deine Feinde und Verfolger werden straucheln und fallen´, heißt es einmal. Ich denke daran, dass auch ich zuweilen verfolgt werde, nicht äußerlich, jedoch von inneren Anfechtungen, die mir das Leben schwer machen. Ja, es gibt in mir Geistesregungen, die stets anklagend, das eigene Dasein zerrütten wollen. So sanft sind dagegen die Worte vom Aufrichten und Auferstehen der Jüngerschaft Christi. Sie mögen sich bei allem nicht beunruhigen, denn der Herr kämpft mit ihnen und an ihrer Seite. Ich denke mir: Geborgenheit ist noch möglich: wo einer sich für die Weisheit und Schönheit des Lebens öffnet und für jene guten Stimmen, die einen nicht verlassen, wenn man an die Gegenwart Gottes unter uns glaubt. Geborgenheit inmitten einer Welt, die oft orientierungslos dahintreibt - mit all den unerlösten, obdachlosen Seelen....

Als die Vesper zu Ende ist, verlasse ich die Kirche und mache mich auf den Heimweg. Ich hatte erfahren, dass es nicht mehr bedarf zur Gottesbegegnung, als sich aufzumachen und zu glauben. Ein Glaube ist es, der nicht zweiflerisch ist und permanent noch Größeres erfahren will;

der weiß: Das, was mir an diesem Tag begegnet ist, war schon das Ob-
dach, das Gott seinen Kindern von Zeit zu Zeit geben will, um sie mit
IHM bekannt zu machen.

DIE KLEIDER DES HL. FRANZISKUS

„So wurde Franziskus auf einen festgesetzten Tag vor des Bischofs Gericht geladen. Als er dorthin gehorsam und freudig kam, fand er die ganze Stadt aus Neugier und Spottlust daselbst versammelt. Da aber sein Vater ihn mit großem Zorne verstieß und enterbte, legte der Jüngling demütig seine Kleider von sich, welche Herrn Bernardone zugehörten, übergab sie demselben, stand nackend da und bekannte seinen Vorsatz, er wolle künftig allein dem Vater im Himmel angehören. Da vermochte niemand zu spotten, und der Bischof, über so viel Mut und Glauben erstaunend, hüllte den Entkleideten in seinen eigenen Mantel." Dieser Text stammt aus der Feder Hermann Hesses´. Er soll uns ein wenig zu einer Reflexion über das Vaterbild in unserer Zeit führen. Jeder von uns kennt dieses innige, vertraute Ansinnen über das, was uns ein Vater sein kann – a b e r auch das kühle, monumentartige, ja manchmal wie versteinerte Vaterbild, zu dem kein Weg zu führen scheint, das uns anzieht und doch zugleich auch wieder zurückstößt... Wer ist der Vater, nach dem unsere Sehnsucht steht; und wie ist sie mit der alltäglichen Erfahrung, die wir von ihm haben, vereinbar. Franziskus, so lehrt uns diese Geschichte, wechselt seinen Vater wie ein Kleid. Er will jenes, das von seinem leiblichen Vater stammt nicht mehr tragen, ja, er geht so weit, sich von allem loszusagen, mit einem einzigen, unvergleichlichen Akt der Ent-Kleidung. Man kann darin auch folgenden Umstand sehen: Ein Mensch tritt aus der engen Beziehung zu seinem Vater heraus, weil dieses Vertrauen, das er zu ihm hatte, weiterhin nicht mehr taugt, sein Leben zu bewältigen. Bisher war es ihm Schutz und Halt, jetzt ist es ihm ein Hindernis auf seinem Weg. Er ist reif geworden, er ist nicht mehr kindlich dem je größeren Wissen und den Erfahrungen seiner Eltern verpflichtet. Er hat durch seinen Lebensweg erfahren, daß dieses Vertrauen in die Welt und in die oft rätselhafte Wirklichkeit der Existenz eines Größeren bedarf, eines Glaubens, eines Sehnens nach dem schweigenden Ursprung des

Seins. Er lernt eine neue Sprache zu buchstabieren, die Sprache der mystischen Vereinigung mit dem Grund unseres Lebens und jenem des ganzen Universums. Wie sollte er sich nun benehmen? Wie diesen Weg beschreiten? Die Radikalität der Geschichte von der Entkleidung des jungen Franziskus zeigt, wie sehr dieser Übergang vom leiblichen Vater zu einem `himmlischen Vater´ im Leben eines jeden Menschen Realität ist bzw. werden muss, wenn er nicht dem Unvertrauen und der Oberflächlichkeit erliegen will. Denn wie schon der Mystiker und Theologe Karl Rahner es sagte: den *schweigenden Gott* in unserem Leben kann man nur versuchen zu lieben oder man wird zum Verleugner seiner Existenz. Dieser Übergang zum himmlischen Vater kann einmal wie ein Bruch sein, wie ein schwarzes Loch, in das jemand fällt, eine Krise, die jemand zwingt sich dem Wesentlichen zuzuwenden. Oder er bleibt im Verborgenen, und nur gleichsam wie Nadelstiche es sind, kommt das alltägliche Leben in Unruhe und wird hinterfragt. Der Sohn wird selbst wieder Vater, die Tochter wird Mutter und im Kreislauf der Zeit kommt vieles zur Sprache, was das Leben ausmacht. Aber zurück zu Franziskus: Nachdem er seine Kleider von sich bringt, steht er nunmehr nackt da. Die Empörung greift kurz um sich. Der Bischof nimmt sich seiner an und bedeckt ihn mit seinem eigenen Gewand, weil ihn Franziskus in seiner Einfachheit schlichtweg ergreift. Man kann darin erkennen, daß es dem Menschen in seinem Dasein oft nicht anders ergeht, wenn er beginnt sein Leben zu ändern, wenn er vieles Alte an Anhänglichkeit über Bord wirft und bereit ist, Zeugnis von seinem Glauben zu geben. Ja, vielleicht ist es ihm erst dann wirklich möglich ein Vaterbild wiederzuspiegeln, das anderen Menschen sinnbringend begegnet und ihnen die richtigen Wege weist. Und vielleicht ist es auch in unserer Zeit wieder mehr denn je gefragt, daß es Menschen gibt, die ihre Erfahrungen mit Gott und den Kräften und Mächten des Lebens weitergeben, im kleinen familiären Kreis oder als Weise einer ganzen Gemeinschaft.

NOCH EINMAL MERAN

Meran ist – so dachte ich mir im Hotel Siegler – wie eine Mortadella, dieser gefleckten Zervelatwurst. Die Kaiserin war hier, die Tiroler sind hier, die Italiener sind hier und die vielen Kurgäste aus aller Welt. Wenn man durch die Gassen geht, weiß man oft nicht bin ich in Wien, angesichts der reich verzierten Gebäude aus der K & K Zeit oder im tiefsten Italien, mit den schlichten Häusern rundum. Die Meraner übrigens sprechen so gut italienisch, wie deutsch und Südtiroler Dialekt. Eine Mischkultur eben, wie die gefleckte Mortadella, die gegessen, einen fettig-saftigen Geschmack hinterlässt.

Und so kamen wir hierher: Über den Reschenpass führte die Reise per Bus direkt in den Vinschgau, wo die Straßen, auf typisch italienische Art enger werden und links und rechts die Obstkulturen prangen, kleine Baumstöcke, mit allerhand Holzgestänge und Schutznetzen, auch jetzt noch im Oktober. Es ist eine Fahrt, die einen von allem Städtischen vorerst entledigt – hinein eine Landkultur, die viel reichhaltiger ist als die unsre, wie der Anbau jedes Fleckchen Erde im Tal und auf den Berghängen forciert wird. Für den Reisenden ist es eine Wonne zu sehen und zu verstehen, was es heißt, wenn Mutter Erde ihr Werk tut. Der Vinschgauer Apfel ist vielleicht einer der begehrtesten Europas, so mutmaße ich nach eigenem Verkosten.

Und Meran. Hier waren die exponiertesten Persönlichkeiten, die man kennt. Der Schriftsteller Franz Kafka, namhafte Politiker und Künstler. Alle suchten sie eines: Erholung von zuhause, Urlaub vom Leben, wie Robert Musil das menschliche Geplagtsein beschreibt. Weil diese Stadt auch viel Fremdes, aber an vielen Orten auch das Heimatlich-Gemütliche anbieten kann. Man könnte sagen: was mir zuhause noch gefallen hat, finde ich hier, in einer Umgebung des milden Klimas und dem ausgeglichenen und natürlichen Italienischen. So etwa auf dem Schloss Trauttmansdorff bei Meran, dem einstigen Ferienschloss der Kaiserin

Elisabeth. Hier befindet sich seit 2003 ein vergnügliches Erlebnismuseum: Das Südtiroler Landesmuseum für Tourismus. 1870 wohnte Sissi sieben Monate auf dem Schloss, das zugleich den schönsten Garten Italiens besitzt. Hier kann man ein riesiges Gelände durchschreiten, voll der guten Düfte und prächtigen Pflanzen. Man fühlt sich wohl – wie zurückgekehrt in ein ureigenstes Refugium der Sinne. Hier wachsen im Herbst Feigen – Oliven und Granatapfelbäume, Kamelien im Palmenwald. Nach dem Gartenbesuch geht es zu Weinverkostung und der Besichtigung der größten und ältesten Rebe der Welt, so wird gesagt. Hier kann man auf der so genannten Sissiterasse Sonntag für Sonntag ein majestätisches Frühstück einnehmen.

Nach dem Besuch weiterer Stätten und dem Törgelen, der guten Jause mit Wein und gebratenen Maroni, geht es wieder zurück in unsere Heimat

Meran ich komme wieder…

GEHEIMNIS DER INNERLICHKEIT

Ort der Begegnung: Autobus. Es ist schon Abend. Nächtliches Dunkel ist aufgezogen. Ich setze mich auf die vorderste Bank, gleich hinter der Busfahrerin. Nach einem kurzen Aufenthalt im Cafe Sacher bin ich gut gelaunt, innerlich zwar ein wenig erregt, aber kontaktfreudig. Neben mir eine Frau im höheren Alter. Sie lächelt mir zu. Ich lächle zurück. Irgendwie spannt sich ein Band zwischen uns beiden, wenngleich zuerst noch von Misstrauen durchzogen. Wer ist sie eigentlich – und sogleich: Wer bin ich denn für sie: Auch ein Fremder? Aber die Stimmung, in der ich bin, lässt diesen Überschwang zu. Sie trägt gleichsam jenes geheimnisvolle Misstrauen in meiner Seele wie ein Gewicht, das möglicherweise aus der Tiefe der Vergangenheit zu mir spricht: Vertrau dich nicht jedem gleich an.

Zweiter Ort: Haltestelle. Im kurzen Wortwechsel erfahre ich, dass wir beide den gleichen Heimweg haben. Noch einmal umsteigen und 15 Minuten auf einen anderen Bus warten. Man muss sagen: Zu diesem Zeitpunkt ist die die Bekanntschaft von einer gewissen Flüchtigkeit, wiewohl von herzlich-höflicher Art. Ohne mich wirklich ins Gespräch zu ziehen, beginnt sie erneut unsere Begegnung aufzufrischen. Man redet ja zunächst nur gleichsam `äußerlich´, da ist sie jetzt, die Frau vom Bus und da bin ich. Aber zunehmend entwickelt sich das, was Martin Buber `Kontakt´ genannt hatte, etwas, das Stringenz der beidseitigen Teilnahme mit sich zieht. Man weiß allerdings nicht genau wohin es einen führt: Soll es nur Nebensächliches betreffen oder in die Tiefe gehen…man weiß es nicht! Plötzlich ein Umschwung im Gespräch: Die fremde Frau erzählt mir von ihrer kranken Mutter, die im 85Zigsten im Spital liegt, dem Sterben nahe – dies aber so, das sie sich bei mir nicht deswegen anheischig machen will. Eher mit einer gewissen Liebenswürdigkeit, so als wollte sie mir bedeuten: Ich will sie damit jetzt nicht belasten, aber es fällt mir gerade so ein – ich kann genau genommen nichts dafür.

Wir reden weiter. Das Wetter. Die Weisheit, das der Mensch sich nicht alles richten kann hier auf Erden. Dann wieder die arme Mutter im Spital. Unser Redegang wird zunehmend schneller und ich merke wie schnell die Wartezeit hier an der Haltestelle zu verstreichen beginnt...zu verstreichen beginnt auch meine immer wieder auftretende Lustlosigkeit zum Gespräch...zu verstreichen beginnt auch meine Erinnerung was vorher war im Cafe; was nachher sein wird in meiner Wohnung....die innere Zeit wird gespannt, je mehr ich in mir einem Wink nachgebe meiner Rede Intentionalität zu verleihen...Wir sprechen von der Weisheit des Lebens, das jedes Leiden nur Übergang ist – zu neuen Horizonten, zu neuem Glück...die Frau hört mir zu und bejaht, was ich sage: „Ich hab´ sie schon verstanden"... eine einfache Frau, denke ich mir, mit der ich mitten im nächtlichen Dunkel die Tiefe menschlichen Seins auszuloten beginne...bis hin zu Kreuzesmystik: Auch das Kreuz, an dem unser Herr Jesus gehangen ist, ist ein Übergang gewesen...Sie fragt mich, ob ich katholisch bin....ich bejahe...Ich rede weiter, sie hört mir zu...sie redet, ich höre ihr zu...und plötzlich stehen wir uns gegenüber... ein Funke des Unendlichen hat sich in den Dialog gemischt...wir stehen da, gleichsam ohne geistiges Schutzschild...nackt an Formalität...innerlich ...Oh´ Geheimnis der Innerlichkeit.

Dann kommt der Bus. Ich steige ein. Die Frau neben mir auch. Im Bus: Wieder fremde Menschen, die einem aufs erste irgendwie willkommen sind. Die irgendwie als Zeugen von der Bloßheit unseres Zustandes auftreten. Das innere Feuer, das ich in mir trage schlägt – zumindest Denkweise - auch auf sie über. Vielleicht diese oder jener, mit dem man sich ebenso vertraut machen könnte. Wärme. Dann der Abschied. „Alles Gute" sage ich zu ihr und bin ganz sicher. „Aufwiedersehen" sagt sie und: „Nachträglich ein Gutes Neues Jahr".

Zeitfracht Medien GmbH
Ferdinand-Jühlke-Straße 7
99095 Erfurt, Deutschland
produktsicherheit@kolibri360.de